中国行业经济指数

研究与应用

中国工业经济联合会　编
China Federation of Industrial Economies

中国财富出版社

图书在版编目（CIP）数据

中国行业经济指数研究与应用／中国工业经济联合会编 . —北京：中国财富出版社，2017.4

ISBN 978 - 7 - 5047 - 6445 - 4

Ⅰ.①中…　Ⅱ.①中…　Ⅲ.①部门经济—经济统计—指数—研究—中国
Ⅳ.①F123.8

中国版本图书馆 CIP 数据核字（2017）第 071233 号

策划编辑 宋　宇		**责任编辑** 王　波　李晓奇			
责任印制 方朋远		**责任校对** 杨小静　张营营		**责任发行** 张红燕	

出版发行 中国财富出版社	
社　　址 北京市丰台区南四环西路 188 号 5 区 20 楼	**邮政编码** 100070
电　　话 010 - 52227588 转 2048/2028（发行部）	010 - 52227588 转 307（总编室）
010 - 68589540（读者服务部）	010 - 52227588 转 305（质检部）
网　　址 http://www.cfpress.com.cn	
经　　销 新华书店	
印　　刷 北京京都六环印刷厂	
书　　号 ISBN 978 - 7 - 5047 - 6445 - 4/F · 2740	
开　　本 710mm×1000mm　1/16	**版　　次** 2017 年 4 月第 1 版
印　　张 16.25　**彩　页** 4	**印　　次** 2017 年 4 月第 1 次印刷
字　　数 279 千字	**定　　价** 88.00 元

矿区 300 万平方米的工业集中供热。截至 2016 年年底，公司四台机组已累计消耗煤矸石等低热值燃料 2400 多万吨，大大缓解了矿区煤矸石大量堆积对环境、水土造成的污染，节约了平朔矿区处理煤矸石所需的大笔资金（矿区用于填埋、处理煤矸石每年耗资近 4 亿元），实现煤矸石资源的有效开发和综合利用。

多措并举、积极延伸产业链条，实现将废弃物变废为宝，建设固废利用中心——年产 60 万吨水泥粉磨站，采用国内先进成熟的水泥生产技术及设备，生产符合国家行业标准的 P.C32.5、P.O42.5 硅酸盐水泥，通过外销灰渣、生态填充矿坑等促进粉煤灰综合利用。同时，公司与中国矿业大学联合建设了粉煤灰综合利用中试基地，研发生产的水泥助磨剂、外加剂和干混砂浆等 10 余种新材料也逐步走出了实验室，实现批量化生产和广泛应用，全厂灰渣利用率实现 100%。

公司坚持以发展为第一要务，以提升安全生产水平为基础，以提高企业经济效益为中心，以深化改革和科技创新为动力，以打造全国煤矸石发电航母企业为宗旨，近年来共承担省煤基项目 2 项，形成省地方标准《粉煤灰与煤矸石混合生态填充技术规范》1 项，取得发明专利 1 项，实用新型专利 21 项，省部级科技成果 8 项。

作为山西省煤矸石发电行业成功运营首台 300MW 循环流化床机组的企业，不仅承担着山西电网稳定运行和区域经济建设的重任，在经营发展过程中，始终把"让工业废弃物发出光和热"作为发展使命，把"科技引领、循环利用、转型跨越、勇攀高峰"作为发展动力，把"科学发展、安全发展、清洁发展、创新发展、和谐发展"作为企业可持续发展的整体思路，把"打造全国一流的煤矸石发电示范企业"作为领跑行业快速发展的进军目标，积极转变发展方式，源源不断地为人类社会奉献着光和热。

放眼未来，公司将继续顽强拼搏、砥砺前行！这颗璀璨的塞外明珠，将以更加辉煌的业绩，放射出更加耀眼的光芒，为社会经济的发展做出更大的贡献！

汽车产业与汽车消费全新模式

——中国乐行汽车生态联盟

深圳前海国际汽车园首创我国汽车产业与汽车消费整体运营新模式：打造以"乐行专车"为平台，集车辆使用、车辆制造、车辆金融为一体的我国首家汽车生态联盟。

旨在：

◆ **改善环境：**

提高社会车辆的使用率，减少社会车辆总运行；

提升低排放车辆的社会应用；

扩大新能源车辆的使用，快速减少污染源。

◆ **提升品质：**

全面提升高品质车辆的市场应用；

加速社会车辆的更新换代；

提升驾驶员素质。

◆ **带动产业：**

车辆功能的全面升级；

带动我国车企的整体水平；

通过"一带一路"推进我国汽车工业和汽车市场的国际化。

联系单位：乐行天下网络科技（深圳）有限公司

全国统一服务电话：4001-828-818

编 委 会

序 言

随着我国经济的发展和全球经济一体化的加速，我国的经济走势备受瞩目。市场经济的不断发展，对于各种经济数据的需求量越来越大，特别是对统计数据的准确性、时效性和客观性提出了更高的要求。习近平总书记多次强调："不论经济发展到什么时候，实体经济都是我国经济发展、我们在国际经济竞争中赢得主动的根基。"李克强总理指出："要以创新引领实体经济转型升级。"建立行业指数，为企业和政府提供科学可靠的经济活动评价指标，为政府和企业提供决策依据刻不容缓。《中国行业经济指数研究与应用》一书就是在我国经济转型的大背景下应运而生的。

随着第三次工业革命的到来，以互联网为核心，跨界融合与共享经济成为经济发展的新特征。新一轮的科技革命也带来了经济发展模式的深刻变革。

一是物联网与智能制造要求更精细更专业的社会分工。正在进行的第三次工业革命则以智能制造为核心，其特征为生产多样化、个性化，更加专业化。强调通过制造业者与消费者的线上互动，通过对消费者数据收集为消费者提供个性化的产品。这样的生产方式要求更精细的社会分工。行业指数的建立正是满足了在精细化、专业化社会分工背景下政商决策者对更专业、更精确的经济数据的需求。

二是行业指数的建立满足了企业创新体系的重构。随着社会分工的不断精细化，产品日益复杂化，单个企业往往无法独自完成创新活动。在创新主体由单一主体向多个主体转变的背景下，某些综合性的经济指数已经不能全面及时地反映某个具体领域的经济运行情况和创新活跃度，这时就需要细分行业指数发挥作用，为决策者提供及时客观的决策依据。

三是我国经济正处于深度转型升级的关键时期，建立行业指数有利于客观反映各行业发展状况，为我国经济转型提供有力的依据。一方面，随着我国经济实力不断增强，我国一些行业竞争力得到明显提升。政府有责任有义务对这些重点行业进行扶持，让他们在国际上做大做强。另一方面，我国部分产业面临严重的产能过剩问题，部分企业经营困难。行业指数的建立能够有效反映特定行业发展状况，帮助相关部门科学合理地制定产业政策。

中国工业综合指数（简称ICI）是中国工业经济联合会为促进我国工业经济发展，于2013年自主开发、用于监测工业经济月度运行情况的综合性指数，得到了国家统计局专家的指导和支持。在中国工业经济联合会各会员单位及有关省市工业（经济）和信息化委员会等支持下，样本企业全面覆盖了中国工业经济各领域，具有比较强的代表性。近年来中国工业经济联合会工业经济研究中心一方面大胆创新，充分运用移动互联网等信息技术，开发了ICI手机APP（应用程序），有利于填报企业方便、及时、直接填报；另一方面又与各有关省市合作，开发区域工业经济综合指数，为地方经济发展助力。经过近几年的试运行，ICI正日趋准确、科学，正在逐步成为中国工业经济发展的晴雨表和风向标。接下来ICI建设将在样本方面进一步扩充，真正实现大数据收集下的精确分析解读功能。

中国工业经济联合会于2016年8月在烟台主办了首届"2016中国行业经济指数论坛"，国务院国有资产监督管理委员会、工业和信息化部、国务院发展研究中心、国家统计局等部委有关方面负责人，中国机械工业联合会、中国物流与采购联合会等30家全国性行业协会的专家，地方经济指数编制发布单位以及中国指数研究院等互联网企业的指数编制与研究部门的专家，参加会议，会议就行业经济指数进行了充分研讨和交流。"2016中国行业经济指数论坛"开行业经济指数的论坛先河，意义重大。为了巩固论坛的成果，推进国内对行业经济指数的研究与应用，更好地促进实体经济的发展，工业经济研究中心拟将参加论坛嘉宾和有关专家的论坛发言和论文汇编成册，正式出版，得到与会专家的支持。

本书涵盖了各主要行业协会的指数体系建设、报告解读等内容，以及国家统计局、国家信息中心、人民日报社等统计信息领域的权威机构对相关指数体系建设的解读分析，还有各地区对指数建设工作的一些经验分享。本书在编撰过程中得到了国务院国有资产监督管理委员会、工业和信息化部、部分地（市）相关部门、部分行业协会、部分省（市）工业经济联合会以及相关的研究机构、企事业单位等的大力支持，在此表示感谢！

综上所述，本书的出版可谓恰逢其时，以此为契机，相信在不远的将来我国行业经济指数的研究将更上新台阶。

李毅中

2017 年 4 月 5 日

目　录

中国工业综合指数（ICI）体系建设研究

中国工业综合指数（简称 ICI）是由中国工业经济联合会自主研发，具有独立知识产权的，在对中国工业经济运行各方面进行常态化的监测的基础上，构建的一整套反映中国工业经济运行活动的重要评价指标体系，是反映中国工业经济变化的晴雨表和风向标。

该指数是从经济活动监测和预测的角度出发，选定了涉及工业经济发展变化因素的 18 项指标为依据，在分析研究、数学模型设计、专家论证，以及参考、借鉴国外相关经验的基础上，由中国工业经济联合会研制成功的一套由企业网上填报、电脑自动计算生成的指数系统。

中国工业综合指数自 2013 年正式上线运行至今，较精确地反映了中国工业经济整体运行情况，并对未来的工业经济发展方向做出了预测，给政府各项相关决策提供了有力的智力支撑，也给各相关领域的经济分析提供了重要的参考。

中国工业综合指数每月发布分析报告，内容包括指数值、分类指数月度变化的分析，在特殊时期（例如指数波动较大时期）还会发布专家深度解析报告等。

一、中国工业综合指数体系的架构

中国工业综合指数涵盖 1 个一级指数，4 个二级指数，18 个三级指数。其中 4 个二级指数涵盖了领先指标、同步指标和滞后指标，这 4 个二级指数按照一定的权重组合，生成了最终的中国工业综合指数。（见图 1）

中国工业综合指数的生成经过前期专家团队论证，确定指数的指标体系（18 项指标）。以行业骨干企业为重点，按照重点调查方法（按规模选取 44 个行业中每个行业的若干骨干企业，组成指数样本）和 PPS 抽样方法

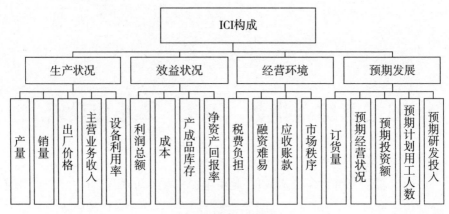

图1　ICI 整体架构

（按规模大小成比例的概率抽样选取企业）相结合的原则，确定信息采集企业后，由企业在信息填报系统中在线填写调查问卷，企业填报的问卷信息进入数据库由计算机按照一定的程序自动运算生成中国工业综合指数。（见图2）

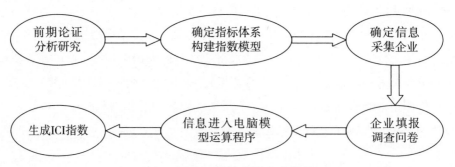

图2　中国工业综合指数生成流程

中国工业综合指数的样本布局如下：

一是行业布局按各行业工业增加值率分配比例；二是企业规模布局按企业主营业务销售额分配比例；三是企业细分布局按性质、行业、所有制、地区等分配比例。

ICI 设计为三级指数结构：一级指数 1 个，二级指数 4 个，三级指数 18 个。

ICI 按类别分为 1 个综合指数和 78 个单项分类指数。

ICI 可以根据选择行业、地区、所有制、规模、效益等设定条件的需求，自动生成若干特定的交叉指数，外延丰富。

ICI 除一、二、三级指数及分类指数外，还可以根据选择行业、地区、所有制、规模等设定条件的需求，自动生成若干特定的交叉指数（理论上可以达到数十万个），实现了对工业经济宏观以及微观运行全领域的覆盖和清晰了解。（见图3）

图 3　ICI 交叉指数生成示意图

二、中国工业综合指数的独特优势

1988 年，中国工业经济联合会（简称工经联）在原国家经济委员会基础上机构改革时成立，当时称中国工业经济协会，原国家经济委员会主任吕东同志担任会长。1998 年，经国务院领导同意、有关部门批准，更名为中国工业经济联合会。

（一）中国工业综合指数的发展具有独特的先天优势

1. 横向联系优势明显

中国工经联是全国工业行业协会的联合组织，拥有全国性工业行业协会会员单位 178 家。中国工经联的会员单位涵盖了全工业领域的各大行业协会，数据的获得、数据的分析、数据的使用都非常便捷。

2. 垂直体系完整顺畅

目前，全国 25 个省、市、区成立了工业经济联合会，这些机构与中国工经联协调配合，形成了工经联全国工作网络。

3. 拥有自己的传媒单位

中国工经联有两家直属单位：中国工业经济管理研修学院、中国工业报社。尤其是中国工业报社，在工业界具有极大的知名度，便于工业指数的及时宣传发布。

4. 具有国际合作的便利条件

中国工经联与联合国知识产权组织、联合国工业发展组织、经济合作与发展组织、全球契约组织、美国商会、欧盟驻华使团、欧洲工业和雇主联合会、德国工业联合会、德国阿登纳基金会、德国汉堡商会、英国工业联合会、法国企业运动联盟、荷兰国家贸易促进中心、芬兰新地省、新西兰工业联合会、巴西工业联合会、日本经济团体联合会、韩国工业联合会等国际知名组织和机构建立了密切联系，开展了广泛的、形式多样的合作。这样使我国工业指数的分析具有国际视野，增加 ICI 指数的国际知名度。

5. 高层的重点关注

工经联的成立和发展，受到了国家的高度重视。吕东部长、林宗棠部长、第十届全国政协副主席徐匡迪都曾先后担任过工经联会长，工经联现任名誉会长为第十届全国人大常委会副委员长顾秀莲、第十届全国政协副主席徐匡迪，现任会长为工信部原部长、全国政协常委、全国政协经济委员会副主任李毅中。

（二）中国工业综合指数发展的后天优势

中国工业综合指数每月 5 日产生，在目前已知的指数体系中，仅晚于 PMI 指数（每月 1 日发布）。这得益于中国工业综合指数的直报系统。

目前中国工业综合指数拥有数千家填报单位，每家填报单位的填报员都来自经验丰富的统计岗、财务岗、采购经理和管理层等，每月 25 日至次月 5 日通过电脑、手机 APP（应用程序）等手段，进入填报系统进行填报，5 日自动生成中国工业综合指数，同时由相关专家学者对指数进行解读、分析和预测，生成相应的月度分析报告。

中国工业综合指数经过科学严谨的规划设计，在实践中不断完善，具有科学、高效、便捷、符合实际采集情况等优点。而且指数来源于国家各工业单位的一线数据，避免了数据的再次录入或者从其他地方转载而产生的误差。很多指标体系的数据来源于付费网站或者统计局，容易存在数据的不准确性和时效性差等缺点。因此，中国工业综合指数数据来源的真实性和及时性是最重要的优点和亮点。

三、中国工业综合指数体系建设展望

经过 3 年多的建设，目前中国工业综合指数本身已经较完善，下一步的工作重点是要进行中国工业综合指数的三大外延体系拓展建设。

（一）区域工业经济指数的建设

目前的中国工业综合指数是着重反映国家宏观经济运行的。但是很多地方，尤其以地级市为单位，也迫切需要一整套完备的区域工业经济指数的建设体系。鉴于此，中国工业经济联合会在今后一段时间内，将结合自身特点，充分发挥自身优势，和各地区合作，建立区域工业综合指数，帮助地区建立完善的工业监测、运行和分析体系。对地方政府正确制定相关的产业调控政策，具有十分重要的意义。例如 2015 年 11 月，中国工经联和苏州市政府合作，联合发布了中国工业苏州综合指数；2016 年先后和蚌埠、烟台合作，联合发布了中国工业蚌埠、烟台综合指数。区域工业经济指数的建设，逐渐成为地方政府顺利掌控工业经济运行的智库。

地区工业指数开创了为地方经济发展提供决策参考和智力支撑的新路子，受到各省市政府的高度关注，目前正在陆续发布其他地市工业指数。在不久的将来，各地区工业综合指数将如雨后春笋般发展起来。

（二）行业综合指数体系的建设

在整体工业综合指数的布局上，区域具有一定的微观和综合性。而行业指数体系则具有一定的专业细分和中观性，鉴于此，中国工业经济联合会正在与各相关行业协会研究探讨，把各行业指数体系建立起来，并形成一个行业指数联盟，形成全面的覆盖各行业的工业经济领域指标体系网络建设。2016 年 8 月在烟台召开的中国行业经济指数论坛，便是其中的一个积极尝试，该论坛取得了非常瞩目的成绩，受到了包括各行业协会和很多政府机关在内的高度关注。

（三）特色工业园区指数体系的建设

中国有很多产业集中的工业园区，这些园区较地区和各大行业来说更加微观，但是很多工业园区在该领域和相关产业的重要性不言而喻，甚至是在全国同行业中起到带头作用。因此特色产业园区工业综合指数的建设，是对前两者的有力补充，并且具有现实指导意义。例如，安徽省蚌埠市是全国硅基材料的集中产业园区、安徽省亳州市是全国的药材工业园区。目前我们正在与这两个园区合作开发硅基园区工业综合指数和药材园区工业综合指数，对全国相关领域都具有重要的指导意义。

（中国工业经济联合会）

中国 PMI 指数体系介绍

采购经理指数（简称 PMI），是以经济景气理论为依据，以企业采购经理调查为基础，编制的一套指数体系，由反映经济周期变化的先行、同步、滞后等一系列指标构成，被喻为观察经济的风向标和晴雨表，在国际上具有广泛的影响力。

PMI 起源于美国。美国早在 20 世纪 30 年代就开始了 PMI 研究，20 世纪 40 年代正式对外发布数据。在美国的带动下，现在国际上大约有 50 个国家和地区发布 PMI，这些国家和地区经济总量占全球总量 90% 左右。

一、PMI 的特点

PMI 有别于现行的统计数据，具有自身的突出特点。

（一）快捷

PMI 是在抽样调查的基础上运用扩散指数的计算方法汇总得到，问卷设计简便易行，所有的问题都不涉及绝对量统计，只需要做出趋势性判断，不需要层层汇总、逐级上报，因而数据在当月月底就能计算汇总出来，在时间上大大早于其他统计数据。

（二）先行

其先行作用主要表现在三个方面。第一，时间上先行。如前所述，PMI 指数的获取较为快捷，一般当月的数据在月底就能得到，相比于经济上的有关统计数据，在时间上大多领先半月左右。第二，经济意义上先行。PMI 调查从采购环节入手，采购过程是经济活动的起点，并且紧密联系着国民经济的上下游行业；PMI 调查对象是采购经理，采购经理大多贴近市场，并且熟悉本企业生产活动，其对市场、对经济形势的判断往往具有超前性。第三，统计意义上先行。即运用统计分析手段和统计上的有关标准，比如运用时差相关分析法来判断，PMI 相对于经济有关统计指标，也表现出了一定的先行性。

（三）真实、可靠、公正、客观

PMI 问卷调查直接针对采购与供应经理，所有问题都不涉及绝对量统计，只要求做趋势性判断，因而不包含任何"泡沫"成分；对取得的原始数据不做任何修正；指数计算完全采用国际上通用的方法。同时，对基于原始数据计算汇总出来的指数，还进行了季节性调整，消除气候条件、法规制度和法定假日等因素变化所造成的影响。PMI 调查方法、发布方式完全与国际接轨，组织实施由相对中立的行业协会来完成，是一个独立的调查体系，能够比较客观、真实地反映经济运行的变化趋势，符合市场经济发展的客观要求。

（四）具有综合性和指导性

PMI 是一个综合的指数体系，涵盖了经济活动的多个方面。比如，综合指数反映了经济总体情况和总的变化趋势，而各分项指数又反映了企业生产、供应与采购活动的各个侧面，尤其是 PMI 中一些特有的指标是其他统计指标中所缺少的，如订货提前期与供应商配送时间等。这些特有指标有助于详细分析行业发展走势成因，为国家宏观经济调控和指导企业经营提供了重要依据。

二、PMI 的作用

上述突出特点，使得 PMI 在对经济监测与预测预警方面具有独特作用。

（一）PMI 在经济周期活动中具有先行性，对经济发展转折性变化具有预警作用

根据美国专家的研究，PMI 通常领先经济顶点 8~15.4 个月，领先经济谷

底 1 ~ 8.7 个月。PMI 中的指标如生产、新订单、库存、供应商配送等也显示了在经济周期中的先导作用。

（二）PMI 与宏观经济指标密切相关，对有关经济指标具有预测作用

国外一些著名的经济分析研究机构，对 PMI 对经济的先行性、相关性，做了深入分析研究，发现了 PMI 与 GDP 的对应关系，建立了定量分析模型，通过 PMI 来预测 GDP。另外，有些学者在研究中还发现，在通货膨胀年代，PMI 预测道琼斯指数变化的准确率大约是 81%；在通货膨胀较为严重的年代，PMI 与标准普尔 S&P 之间的相关性更高，准确率达到 80% ~ 100%。

通过对美国长期的 PMI 历史数据进行分析，美国商务部得出结论：在一段时期内，制造业 PMI 在 42.5% 以上，表明美国整体经济扩张，反之则表示下降；在一段时期内，制造业 PMI 在 50% 以上，表明美国制造业经济扩张；反之则表示下降。PMI 不仅能够指示经济上升或下降的变动方向，而且还能显示扩张或收缩的幅度。

（三）PMI 对监测国民经济运行具有重要作用

GDP（国内生产总值）存在一些缺陷：一是发布时间较为滞后。GDP 一般是季度数据，而且多在季度之后数周发布。比如，一些西方国家常在季度之后 6 周发布。二是数据常常进行修订。第一次发布后往往要根据经济运行情况进行多次修订，使用起来很不方便。三是各国 GDP 的统计方法不一致，方法论、覆盖范围、数据采集系统等经常不统一，导致国际间比较较为困难。四是 GDP 是经济成果的总量核算，透过 GDP 数据，只能看到宏观经济运行的总量成果，但难以从中看到经济运行过程各环节的变化。

相对于 GDP 存在的这些缺陷，PMI 则具有明显的优越性：具有及时性、先导性；数据真实、客观，不做修订；有科学的方法论，全球统一，数据具有国际可比性。PMI 体系涵盖了从原材料采购到生产经营活动的全过程，其中各项指数如新订单、生产、购进价格、进口、库存，等等，反映了原材料采购、生产、销售等各项环节，借助这些指数能够全面反映经济整体走势和各环节的发展变化。根据国外的经验，PMI 各项指数反映在经济活动的各环

节上，其性质也不尽相同。还有的美国专家用新订单指数减去库存指数得到一个预测指数，并认为预测指数在经济中的先行性更为明显。

从我国的实践来看，PMI 虽然创建时间不长，但目前已在经济分析预测方面显示了独特的作用。基于前几年的制造业 PMI 数据做了一些分析研究工作，发现 PMI 同经济相关指标之间具有较强的相关性，相关系数达到 75% 以上，同时 PMI 指数相对于主要经济指标表现出一定的先行性，这说明通过 PMI 可以分析预测经济形势。

PMI 灵敏地反映了我国经济发展的"拐点"。中国制造业 PMI 在 2008 年 7 月首次滑落到 50% 以下，显示出我国经济发展将进入减速阶段；2009 年 3 月，PMI 经过数月运行在 50% 以下，终于再上升至 50% 临界线，预示出我国经济发展速度将探底回升。除了综合指数 PMI 以外，生产指数、新出口订单指数、进口指数、购进价格指数，对工业生产、进出口以及物价走势，也做出了较为准确的超前反映。PMI 对经济预测和预警所显示的独特作用，受到普遍关注，已成为政府部门和社会各界预测宏观经济走势不可或缺的重要工具。

三、中国 PMI 介绍

中国 PMI 指数，包括制造业和非制造业两套体系，由中国物流与采购联合会创建并向社会发布。其中，制造业 PMI 于 2005 年 7 月首次发布，非制造业 PMI 于 2008 年 1 月首次发布。自首次发布以来，参照国际惯例，中国制造业和非制造业 PMI 指数由中国物流与采购联合会于每月 1 日对社会发布。经过多年发展，目前已成为国家统计调查体系的重要补充，对社会各界准确地判断宏观经济形势发挥了重要作用，尤其在经济形势比较复杂的情况下，PMI 指数更是发挥了独特的预测预警作用，为中国政府及时了解和掌握宏观经济运行态势、制定宏观调控政策，提供了重要的参考依据。

（一）中国 PMI 创建背景

中国 PMI 虽然 2005 年正式对外发布，但对 PMI 的研究，早在 2002 年就已经开始。10 年前，我们之所以倾注全力研究创建中国 PMI，主要是基于以下几点认识：

一是全球金融创新不断加快发展，经济金融化趋势日益增强，使经济活动节奏加快，亟须快捷有效的创新型经济分析预测工具和手段，当时已有的一些统计指标都比较滞后，不能满足这一要求。

二是我国自实行改革开放政策以来，经济迅速发展，已成为世界上重要的经济体之一，在国际上具有举足轻重的影响。同时，随着我国对外开放不断深入，特别是自 2001 年加入 WTO 以后，我国同世界各国的联系日益密切，已经深切地融入世界经济之中，国外对中国经济日益关注，需要在国际上具有可比性的经济先行指标，借以观察、分析预测中国经济形势。

三是从国家宏观调控的角度来看，当时国家提出了"全面建设小康社会"的宏伟目标，强调要以科学发展观为指引，不但关注经济发展的速度，更加关注经济发展的质量和效益，要保持经济"又好又快"发展。在这样的背景下，国家需要对经济发展具有重要预测和预警作用的经济先行指标，借以及时、快速地把握经济发展的趋势与方向，便于政府部门及时采取灵活有效的调控措施，保持经济发展的稳定性，熨平波动性，增加可持续性。

四是从市场来看，随着市场竞争加剧，采购环节在保障生产、降低成本、提高市场竞争力等方面的地位和作用逐渐受到重视，采购工作日益规范，采购经理阶层逐渐形成。采购经理具有综合素质较高、同上下游经济活动联系紧密、对市场反应灵敏等特点，通过采购经理阶层的调查，可以快捷地把握经济发展趋势变化。

从我们的经验来看，一套统计调查体系的建立，要想取得成功，在创建之初，必须有两个方面的充分考虑：一是社会需要。现在社会上对统计数据的要求主要是快捷、及时，不能太滞后，否则时过境迁，没有人去关注；另外，大家都希望统计调查数据具有一定的预测和预警作用，不能只是满足事后统计，要能起到预警作用，对未来的趋势性变化能做出前瞻性判断。二是统计调查基础。统计调查要稳固可靠，使数据的获取具有稳定性、可靠性、可比性。

（二）PMI 调查工作程序

PMI 调查工作，包括指标体系建立、调查问卷制定、调查样本确立、调查数据采集汇总、数据分析及发布等几个关键环节。

1. 建立 PMI 指标体系

一套统计调查体系、指标体系设计是否合理，直接影响着该系统的应用价值。我们参照了美国供应管理协会（ISM）以及其他国家的做法，根据中国的国情，在调查论证、征求专家意见的基础上，最终确立了我们中国自己的PMI 指标体系。

中国制造业 PMI 指数体系由扩散性指数和综合指数构成。扩散性指数由新订单指数、积压订单指数、新出口订单指数、采购量指数、进口指数、生产指数、供应商配送时间指数、原材料库存指数、产成品库存指数、从业人员指数、购进价格指数、出厂价格指数、生产经营活动预期指数 13 个指数构成。综合性指数 PMI，由新订单指数、生产指数、从业人员指数、供应商配送时间指数、原材料库存指数，分别按 30%、25%、20%、15% 和 10% 合成得到。中国制造业综合指数 PMI 反映经济发展的概貌，各分项指数密切相关，分别反映经济活动中的各个环节，相互补充、相互说明。

中国非制造业 PMI 指数体系只有扩散指数，没有综合指数。扩散指数由商务活动指数、新订单指数、新出口订单指数、在手订单指数、存货指数、投入价格指数、销售价格指数、从业人员指数、供应商配送时间指数、业务活动预期指数 10 项指数构成。参照国际惯例，目前以商务活动指数反映制造业整体经济发展状况。

中国 PMI 是一个完整的指标体系，通过 PMI 数据，可以监测和预测中国经济的周期波动和发展趋势；通过中国 PMI 和世界 PMI 之间的比较，可以研究中国经济与世界经济的联动性；通过各行业 PMI 指数的变化，可以研究不同行业在经济活动中的先行性、同步性与滞后性。

在指标体系设置方面，需要重点考虑两个问题：

一是指标设置既要同国际接轨，又要符合国情，满足特定的研究目的。我们创建 PMI 目标定位：通过 PMI 数据，监测和预测中国经济的周期波动和发展趋势；通过中国 PMI 和世界 PMI 之间的比较，研究中国经济与世界经济的联动性；通过各行业 PMI 指数的变化，研究不同行业在经济活动中的先行性、同步性与滞后性，从而为国家提供更有针对性的政策建议。总之，符合我国国情的 PMI，一方面可以为政府宏观调控提供依据，另一方面可以为企业经营提供指导。

二是指标设置要配套，能够成为一个完整的体系。PMI 各分项指标密切相关，分别反映经济活动中的各个环节，相互补充、相互说明。综合指数 PMI 可以反映经济发展的概貌，而透过各项指数又能够看过程、看环节，看供应链上各节点的彼此传导和对接。这样指标体系，点面结合，才具有较好的应用价值。

2. 设计调查问卷

PMI 指数由问卷调查数据计算汇总得出，问卷调查设计是否科学合理，关系到 PMI 数据的质量。

采购经理调查问卷设计，重点考虑了下面三个因素：

一是确定调查的目的。采购经理调查的目的具有双重性，一方面要记录企业采购和供应情况，另一方面对影响采购和供应的那些重要原因进行判断。这两重目的，都是通过调查者回答事先设计的问题来实现的。

二是根据调查目的选择科学合理的计算方法。指数计算方法的不同，不仅决定了所要设计问题的具体内容，而且直接影响到问题的数量和调查的难易程度。

三是判断预期价值。要确定建立采购经理调查是否会给潜在的市场提供丰富、及时的商业信息，调查产生的结果和其他在市场领域所得到的商业信息相比是否具有独一无二的特性。

考虑到以上因素，在调查问卷的设计上，遵循了以下三个原则：

一是简练，即所提的问题尽可能简练，尽量少地占用被调查者的时间，以便提高调查的回收率。

二是熟悉，即提的问题是采购经理较为熟悉、较为关心、较为容易回答的问题，一般不采用技术性强的专业术语。

三是定性，即几乎所有问题都采用多重选择题的形式，即有几个相互独立的预置答案，被调查者只需在自己认为正确的答案上打上记号即可。

该项调查包括国际 PMI 调查的通用的核心问题，如生产、订货、进口、价格、库存等，又增加反映我国企业采购特点的问题，如主要原材料的采购量，同时对一些问题根据我国企业采购情况进行了修订，如企业主要生产经营人员数量、企业主要供应商发货时间、原材料提前订货时间等；调查还设计一些开放式问题，如供应短缺的主要商品、价格上涨或下降的主要商品等。

3. 确定调查范围，选取调查样本

中国制造业 PMI 调查范围主要包括：食品加工及制造业、饮料制造业、烟草制品业、纺织业、服装鞋帽制造及皮毛羽绒制品业、木材加工及家具制造业、造纸印刷及文教体育用品制造业、石油加工及炼焦业、化学原料及化学制品制造业、医药制造业、化纤制造及橡胶塑料制品业、非金属矿物制品业、黑色金属冶炼及压延加工业、有色金属冶炼及压延加工业、金属制品业、通用设备制造业、专用设备制造业、交通运输设备制造业、电气机械及器材制造业、通信设备计算机及其他电子设备制造业。

中国非制造业 PMI 调查范围主要包括：建筑业，交通运输、仓储和邮政业，信息传输、计算机服务和软件业，批发和零售业，住宿和餐饮业，房地产业，租赁和商务服务业，环境和公共设施管理业，居民服务和其他服务业。

PMI 指数是在抽样调查基础上计算汇总得出，因而采用科学的抽样调查方法，保证抽样样本的代表性和充分性，这是保证 PMI 实践取得成功的关键。首先，我们的做法是选择 PPS（分层等比例概率抽样方法），按照规模、行业、地理位置和占 GDP 的百分比，对企业详细分类后随机抽样。以制造业 PMI 调查为例，将制造业 21 个行业大类为抽样总体，按照各行业对 GDP 贡献的大小选取一定数量的企业，贡献大的行业样本多，反之，则少；其次，考虑了地理分布，样本企业具有足够的地域代表性；另外还考虑了企业类型，如国有企业、民营企业、外资企业等不同类型的企业均有代表。

运用这种抽样方法，制造业选取了 3000 家，非制造业选取了 4000 家，较好地解决了在中国这样一个大国开展抽样调查样本代表性问题。

4. 数据采集汇总

这一环节，重点解决两个问题：一是数据的时效性；二是数据的准确性。

通过现代化的信息技术手段，采取网上直报，避免了逐级上报、层层汇总，保证了每月基础调查数据汇总计算在当月 28 日左右即可完成。

通过做好对调查对象的培训，使其明确调查的意义、调查指标的含义、

调查的要求，尽可能降低抽样调查过程中出现的偏差，同时依靠国家统计局遍布全国的统计调查系统，主要是各省市统计调查队，做好抽样调查个体的问卷填报督促和检查。依靠这些措施，有效地保证了数据的准确性。

5. 数据处理

通过问卷调查取得基础数据以后，要做两种处理：一是由基础数据汇总、计算出有关指数；二是对计算出来的指数进行季节调整，消除季节性波动因素，保留趋势性因素。

分项指数，采用扩散指数计算方法，主要有两个步骤：

第一步：计算初值。

对问卷调查进行汇总，将回答上升的企业百分比加上回答持平的百分比的一半。

指数的计算为：回答"增长"的百分数加上回答"一样"的百分数的一半而得出。一般来说，PMI 离中线（50%）越远，表示变化的幅度越大。高于 50% 表示比上月有所增长，低于 50% 表示比上月有所下降。各国的国情不同，PMI 预示经济扩张和衰退的临界值也不完全相同。在美国，PMI 在一段时间内保持在 42.7% 以上，即表明整体经济是扩张的；低于 42.7%，则显示整体经济正在衰退。商务报告中的 PMI 指标，可以与政府的系列统计数据进行对比，并根据回归分析来说明经济扩张或衰退的起点。

第二步：季节调整。

由于采购经理调查结果反映了当月相对于上月的变化情况，受季节性因素影响比较明显，需要进行季节性调整。中国制造业 PMI 季节调整方法是以时间因素为基础，同时考虑天气变化等不规则因素，运用 X12 法进行季节调整。

按照上述方法计算出各分项指数以后，再由其中的 5 个核心指数，分别是：新订单指数、生产指数、从业人员指数、供应商配送时间指数、原材料库存指数，按照 30%、25%、20%、15% 和 10% 的权重加权平均得出综合指数 PMI。

6. 数据分析

对统计数据加强分析，非常重要。这个环节做好了，就能引导社会正确认识数据背后的含义，从数据中得出观点，这样数据的价值和作用才能体现出来，社会影响力才能建立起来。

在 PMI 分析与应用方面，我们有如下心得体会：

一是要做趋势性分析。指数的基本特点就是具有综合性和平均性。综合性是指它能综合反映现象总体的数量变化；平均性是指它反映了总体变动的平均水平。要通过指数来反映所关心的统计对象变化趋势。

二是要做因素分析。PMI 是经济发展的表象、外在表现。运用 PMI 分析经济的时候，要做因素分析，不要只是简单地就数据谈数据。宏观经济是一个复杂的系统，是多种因素此消彼长、交互影响的结果。比如内部政策因素、各经济变量的变化、外部的影响因素，都要综合考虑进去，这样才能得出较为可靠的结论。

三是对指数要做综合分析，注意把握经济活动各环节的联动性。如前所述，我们的 PMI 是一套较为完备的统计调查体系，有制造业 PMI，非制造业 PMI，其下又有若干指数构成。各项指数，分别反映经济活动中的各个环节，起到相互补充、相互说明的作用。我们要充分发挥 PMI 的作用，就要用好用足这些信息。不仅要善于通过综合指数看概貌，而且还要善于透过各项指数看过程、看环节，看供应链上各节点的彼此传导和对接。如此点面结合，深入分析，才能不落偏颇，才能不顾此失彼、不一叶障目。

四是要善于做结构性分析，借以观察整体经济体中的局部变化。我们的 PMI，不仅有反映宏观层面的全国性指数，还有中观层面的行业指数、地区指数。在 PMI 指数分析和应用时，可以透过 PMI 指数的结构变化，对经济发展总体态势和结构性特点科学把握。

7. 数据和报告发布

在这方面，我们做到了制度化和规范化：PMI 数据和相关分析报告，在每月最后一日九点发布。

回顾中国 PMI 的创建过程，之所以能够取得成功，首先是适应了经济社会发展的需要，其次是方法科学。运用科学的方法重点解决了三大问题：一是 PMI 指标体系设置的合理性问题；二是抽样方法的科学性问题；三是通过高科技手段保障数据的及时性与可靠性。这三大问题具有全局性和根本性，对中国 PMI 指标体系的建设有重大影响。

在解决指标设置和问卷的合理性问题上，重点采用了调研、试点、专家座谈、讨论相结合的方法。在解决抽样方法的科学性和样本的代表性问题上，选择了分层 PPS 抽样，以行业大类为层，层内使用与企业主营业务收入成比例的概率（Probability Proportional to Size，PPS）抽样方法。在选择问卷填写方式时，采用了高科技网上直报方法。通过开发一套网上直报软件以及相应的汇总计算程序，保证了数据上报的及时性与准确性，并节省了大量的人力与时间。

（中国物流信息中心　陈中涛）

从 PMI 看 2016 年经济形势及 2017 年经济展望

2016 年，我国经济企稳态势逐渐巩固，制造业和非制造业经济活动呈现逐季回升走势，四季度增速有所加快，宏观经济增速保持稳定。经济运行质量有所改善，市场供需矛盾有所缓解、就业稳中有升、市场价格回升、企业利润转好。经济结构持续优化，装备制造、高新技术和消费品制造业以及与新兴消费相关的服务业保持快速增长。

2017 年，中国经济继续向好的方向发展，运行格局更趋于稳定，也更加完善。新旧动能转换仍在持续、基础设施建设潜力依然较大、消费的基础性作用仍将继续体现、改革红利逐步释放。在稳固经济增长基础的同时，应更加注重经济的转型升级，提升经济增长的有效性，促进经济增长由规模速度型向质量效益型转变。要注重培育内生性增长动力、保持市场的公平性、提升经济增长的协同性。

一、2016 年经济形势回顾

（一）经济增速稳定

PMI 数据显示，制造业和非制造业经济活动呈现逐季回升走势，四季度增速有所加快。2016 年制造业 PMI 均值 50.3%，较 2015 年同期上升 0.4 个百分点。从 2016 年全年来看，PMI 指数稳步小幅回升，一季度略低于 50%，二、三季度回升至 50% 以上，四季度回升加快，回升到 51% 以上。非制造业商务活动指数均值 53.7%，较 2015 年同期上升 0.1 个百分点。从 2016 年全年来看，商务活动指数呈现逐季回升走势。前三季度稳中有升，保持在 53% 以上的水平，四季度升幅有所扩大，较三季度上升 0.7 个百分点，均值达到 54.4%。

国家统计局数据显示，GDP 增速虽较 2015 年继续放缓，但连续三季度稳定在 6.7%；固定资产投资增速在经历了上半年较快回落后，自下半年逐步企稳；房地产开发投资增速下半年也呈现企稳回升走势；工业生产保持平稳增长，累计增速保持在 6% 左右。结合四季度 PMI 指数的变化趋势，四季度 GDP 增速有望达到 6.8%，全年 GDP 增速保持在 6.7% 以上。

（二）经济运行质量改善

1. 供需矛盾有所缓解

2016 年，制造业市场需求有所回升。从全年新订单指数变化看，一季度平均水平低于 50%，二、三季度回升至 50% 以上，四季度达到 53.1%，全年平均水平 51.1%，高于 2015 年将近 1 个百分点。从企业调查来看，2016 下半年市场订单不足的矛盾明显缓解，反映订单不足的企业比重连续下降，由上半年平均 53.1% 下降到 47.6%。伴随着需求的回升以及去产能相关政策效果的显现，市场供需矛盾有所缓解。2016 年制造业生产指数均值与新订单指数的差距缩小到 1.3 个百分点，较 2015 年减少 0.7 个百分点。

2. 就业稳中有升

需求回升带动就业实现稳中有升。2016 年，制造业从业人员指数呈上升趋势，一季度略低于正常水平，二、三季度平均值保持在 48% 以上正常范围，四季度上升到 49%，为近年来的最高值。与 2015 年低位波动走势不同，2016 年非制造业从业人员指数呈现逐季回升趋势，特别是四季度回升明显，均值达到 50.2%，较三季度上升 1.1 个百分点。就业率明显回升，与市场需求稳步攀升相呼应，反映经济运行整体质量有所改善。自 1 月至 11 月，城镇新增就业人数已达到 1249 万人，提前完成全年就业目标任务。

3. 市场价格回升

需求的好转对价格的回升具有一定的带动作用。制造业购进价格指数 2016 年下半年以来持续上升，显示市场价格明显回升。国家统计局的 PPI 自 2016 年 9 月有负转正后，增速呈现逐月加快趋势。反映终端需求的非制造业销售价格指数也呈现小幅上升走势。截至 2016 年 12 月，连续五个月运行在 50% 以上。2016 年下半年销售价格指数均值 50.8%，较上半年上升 1.6 个百分点。国家统计局公布的CPI同比增速自2016年8月以来呈现稳步上升走势，升幅逐月扩大。

4. 企业利润转好

需求和价格的回升带来企业利润的转好。中国物流信息中心调查的重点生产资料流通企业利润总额实现扭亏为盈。2016年1—11月，40家企业总体经营效益有所回升，其中销售毛利422.4亿元，比去年同期增加49.8亿元，同比回升13.4%；利润总额为22.9亿元，去年同期利润总额为亏损43.0亿元。2016年，工业企业利润总额增速保持正增长，且下半年以来呈现持续加快走势。1—11月，全国规模以上工业企业实现利润总额60334.1亿元，同比增长9.4%，增速比1—10月加快0.8个百分点。

（三）经济结构持续优化

在经济逐步企稳的过程中，经济结构持续优化。制造业中，高耗能行业的PMI均值水平保持在50%以下。装备制造业、高新技术产业和消费品行业保持较快增长，PMI均值水平保持在51%以上。装备制造业、高技术产业PMI指数逐季稳步上升；高耗能行业前三季度PMI低于50%，四季度略高于50%。消费品行业PMI走势较为稳定，保持在51%以上。

服务业中，与旅游、信息和网络消费相关行业的商务活动指数均值保持在较高水平。从2016年全年来看，与网络消费、旅游消费和信息消费等新兴消费相关的邮政业、信息服务业和景区服务业全年均保持快速发展趋势，均值水平保持在60%左右的高位。与大众消费相关的零售、餐饮、住宿等传统服务业商务活动指数均值水平相对较低，但均超过50%。

二、2017年经济形势展望

2017年中央经济会议提出了稳中求进工作总基调是治国理政的重要原则，也是做好经济工作的方法论。对于2017年经济形势的展望也可以遵循这个方法论。2017年经济运行要在延续稳定的基础上，继续增强前进的动力。我们认为2017年中国经济继续缓中趋稳的格局是有基础的。

一是新旧动能转换仍在持续。从经济发展周期的角度来看，本轮经济增速的回调是从 2012 年开始的，已经持续了五年左右，经济增速的下行势能有所减缓。同时，当前经济增速回落的本质是在调整中回落，经济运行过程中有降有升，旧的不适应经济发展的生产力对经济的拉动作用逐步减弱，能够推进经济发展的新兴经济力量的拉动作用势必会越来越强，对经济增长的贡献度也不断上升。

二是基础设施建设潜力依然较大。2015 年年末，我国城镇化率为 56.1%，仍处于城市化较快发展的进程中。由政府主导的新型城镇化建设仍将会为经济增长带来巨大的投资市场。如地下管网建设、交通网络的优化等将会为未来经济增长创造良好条件。PMI 数据显示，2016 年与基础设施相关的建筑业商务活动指数均值保持在 59.8% 的高位。下半年建筑业活动整体要好于上半年，反映出前期投资需求在下半年得到逐步释放。从下半年新订单指数变化看，建筑业市场需求仍较旺盛。截至 2016 年 12 月，新订单指数连续两个月回升，环比上升 4.1 个百分点，达到 59.2%，创出年内新高，意味着 2017 年投资需求有望继续释放。

三是消费的基础性作用仍将继续体现。2012 年以后，投资和出口对经济增长的拉动作用开始逐步减弱，消费以其持续的稳定性，逐渐成为拉动经济增长的主要动力，表现在自 2014 年最终消费支出对 GDP 增长的贡献率升至 50% 以上，并逐年递增。截至 2016 年第三季度，最终消费支出对 GDP 增长的贡献率为 71%，比上年同期提高 13.3 个百分点。2017 年，消费对带动经济的基础性作用仍将继续体现。

四是改革红利逐步释放。政府围绕着稳经济、调结构、促民生和保就业等目标持续推行一些政策措施，随着时间推移，累积效应必将有所显现，对经济增长将发挥重要的助力作用。

从 2017 年 1 月 PMI 表现来看，2017 年经济开局良好。1 月，中国制造业采购经理指数（PMI）为 51.3%，仅比上月回落 0.1 个百分点，走势基本平稳；中国非制造业商务活动指数为 54.6%，较上月小幅上升 0.1 个百分点，连续四个月运行在 54% 以上的较高水平。从 PMI 来看，2017 年经济开局良好，供需保持均衡增长；企业预期良好，节前备货积极；行业基本面保持恢复性回升，结构优化继续深入发展。

（一）供需基本面良好，增长态势均衡

2017 年 1 月，制造业生产指数为 53.1%，较上月回落 0.2 个百分点；新订单指数为 52.8%，回落 0.4 个百分点。两指数虽有回落，但仍保持在 53% 左右相对较高水平，明显高于 2016 年同期。生产指数回落，主要表现在小企业和高耗能行业，大中型企业生产活动仍然活跃，装备制造业和高技术产业未受春节因素影响不降反升。大型企业生产指数为 55.1%，继续保持在较高水平，略有回落；中型企业生产指数较上月上升 2.3 个百分点，达到 53.1%。新订单指数回落，主要是受国内春节因素影响。从外部来看，新出口订单指数上升，较上月上升 0.2 个百分点，达到 50.3%。

总的来看，反映供需变化的生产和新订单指数，延续去年四季度以来向好发展态势，不但指数水平相对较高，而且二者差距也相对较小，只有 0.3 个百分点，反映出当前供需基本面良好，增长态势均衡。

（二）企业预期良好，节前备货积极

从调查来看，企业心态较为积极，多数企业认为 2017 年宏观经济将继续保持稳中向好，企业经营环境有望进一步改善。从制造业 PMI 指数来看，企业生产经营活动预期指数上升，较上月上升 0.3 个百分点，达到 58.5%，高于去年同期 7.2 个百分点。采购量指数、进口指数上升。采购量指数较上月上升 0.5 个百分点，达到 52.6%；进口指数上升 0.4 个百分点，达到 50.7%，显示企业节前备货较为积极。据此来看，企业节后恢复正常生产经营活动可望加快。

（三）行业基本面良好，结构优化继续发展

在制造业 PMI 调查的 21 个行业大类中，虽然一些行业 PMI 指数有所下降，但仍有 13 个行业 PMI 指数保持在 50% 以上。从下降的行业来看，主要是产能过剩、高耗能和高污染的行业，由于去产能加快、环保力度加大，加之春节因素影响，这些行业生产经营活动下降有其必然性和合理性。但高技术产业、装备制造业保持加快发展势头，同上月相比，分别上升 0.9 个和 1.9 个百分点，达到 52.9% 和 55.7%，创下近年来的最高值。从行业基本面来

看，整体保持恢复性回升，结构优化继续深入发展。

（四）房地产活动有所恢复

从非制造业 PMI 来看，2017 年 1 月，房地产业商务活动指数和新订单指数虽仍在 50% 以下，但均结束连续两个月的回落走势，环比均有上升，同时，房地产业的销售价格指数虽仍在 50% 以上，但连续四个月保持回落走势，表明价格涨势有所放缓。结合数据变化看，房地产行业活动有所恢复。统计局数据显示，2016 年房地产开发投资增速为 6.9%，较 1—11 月回升 0.4 个百分点。当前房地产行业活动仍处于调整期，能否重回平稳发展轨道，仍需观察指数后续变化。

从 1 月 PMI 指数表现综合来看，2017 年经济开局良好，延续缓中趋稳、稳中向好基本态势。当前经济运行中值得关注的问题，主要是上游产品价格上涨快、企业生产成本增加多，产成品价格上涨难，企业盈利空间缩小。购进价格指数去年以来基本上呈持续上升态势，期间只有短暂回调，至 2017 年 1 月，已连续 4 个月保持在 60% 以上高位。但与之形成鲜明反差，出厂价格指数 2016 年四季度才形成较为明显的上升态势，2017 年 1 月又出现逆转，回落逾 4 个百分点，回落至 54.7%，低于购进价格指数近 10 个百分点。这种"一高一低"的局面，如果加剧发展，恐将影响企业生产扩张意愿。

2017 年保持宏观经济稳定向好局面，要着重于改善市场环境，提高微观经济活力。一方面，要适度扩大总需求，增加企业订单；另一方面要推进供给侧改革，降低企业综合成本，改善企业盈利状况。微观活力提高了，宏观经济稳定才有坚实基础。

在稳固经济增长基础的同时，是要实现转型升级，提升经济增长的有效性，促进经济增长由规模速度型向质量效益型转变。

一要培育内生性增长动力。从投资来看，在 8.3% 全国固定资产投资增速背后，国有控股固定资产投资增速仍保持在 20% 以上，而民间投资增速仅为 3.1%。说明政府主导的投资增长较快，但民间投资并未及时跟进，投资的内生性动力仍待改善。从消费来看，虽然消费的基础性作用仍在发挥，但其对经济的带动作用仍仅限于助力经济稳定，未能真正通过消费质量的提升带动新价值的增长，消费升级动力仍然较弱。因此，要通过积极有效的财政政策，强化民间资本的投资信心，增强投资的有效性。同时，要继续实施收入分配改革，提升居民收入水平，通过创新驱动，发展中高端消费市场，充分发掘消费潜力。

二要保证市场的公平性。经济增长的前进动力必须是依靠市场，必须是通过市场在资源配中发挥决定性作用才能实现。因此要深化改革，为微观经济主体创造更公平的环境，促使价格机制真正能够引导资源配置，防止价格的大幅波动，扰乱市场秩序。特别是 2016 年下半年，钢材、化工、有色金属等上游基础原材料价格的大幅上涨，带动工业企业利润的增长，但这些价格的上涨更多体现在上游行业，如果价格的上涨超出市场承受范围，那会成为干扰市场正常运行的因素，给下游企业带来成本压力。

三要提升经济增长的协同性。经济增长的本质是新价值的创造。从当前经济发展状况看，单独依靠某一个行业或者产业自身的发展已经很难带来新价值的实质性增长。产业间的界限也越来越模糊，经济发展的共享性越来越重要。经济前行的动力要通过提升经济增长的协同性来实现。一是要提升不同地区发展的协同性；同时加大对外开放力度，促进国与国之间的协同发展。确保不同地区和不同国家之间潜在效益最大化和信息共享的最优化。二是要以最终消费为导向，增强生产、流通和消费不同产业链之间的协同性，推动供需结构有效匹配。三是要继续推进创新型驱动。不仅局限于技术创新，还应注重加强制度性创新和组织管理模式的创新。

（中国物流信息中心　陈中涛）

经济景气指数与经济形势判断

经济的周期性波动作为一个普遍的经济现象，一直是经济学研究的主要问题。一般来讲，经济周期就是经济活动沿着衰退—萧条—复苏—繁荣的路径循环往复，这一过程又被称为"景气循环"。自 20 世纪初以来，经济统计学家开始使用经济景气指数来表征宏观经济运行状况，宏观经济景气监测成为研究经济运行的重要方法。经济景气监测的主要目的是准确把握经济的周期波动，并预测经济波动的转折点。主要有两个基本方法，一是利用客观的统计数据构建景气监测指数；二是开展事前景气调查，利用调查结果构造景气指数。本文将主要介绍通过景气调查构造景气指数的方法和实践应用①。经过 70 多年的发展，景气监测方法日臻科学完善，在世界范围内得到了普遍应用。目前，各国开展的景气调查主要包括企业景气调查、采购经理调查、消费者信心调查、经济学家信心调查以及机构投资者信心调查等。自 20 世纪 90年代起，我国开始探索和开展景气调查，应用越来越广泛，也产生了重要的社会影响。本文将首先介绍经济景气指数的构建方法以及国家统计局中国经济景气监测中心的实践经验，然后根据目前发布的几项主要景气指数来判断当前的宏观经济形势。

一、景气指数的构建与作用

（一）景气指数的概念

景气调查起源于 20 世纪 40 年代末，与传统统计调查方法不同，它以定性调查代替了传统的定量调查，也被称为情绪调查。景气调查的基本方法是

---

① 除特殊说明外，本文中景气指数均指利用景气调查结果而编制的经济景气指数。

采用问卷调查收集调查对象对于景气变动的判断，然后对调查结果进行量化从而得到景气指数。传统统计资料反映的是量化的客观情况的变化，而景气调查反映的是主观信息的变化，因此调查结果也被称为主观指数或者情绪指数。

　　景气调查之所以能够被广泛应用，调查结果能够成为判断经济景气动向的重要指标，主要由于各类微观经济主体，如企业家、消费者和经济学家的判断与决策和宏观经济发展趋势之间有着紧密的联系。经济主体通常先进行判断与预期，然后制订经营、投资或消费计划等，最后执行计划。各经济主体对宏观经济运行现状的判断，以及对未来经济发展趋势的预期，将导致不同的经济决策和经济行为，引起消费、投资和企业生产经营的变化，进而影响宏观经济的波动。

（二）景气调查分类

　　按照景气调查的对象来划分，目前国内外开展的景气调查主要包括企业景气调查、消费者信心调查、经济学家信心及采购经理调查等，分别以企业家、消费者、经济学家和采购经理为调查对象。不同类型的景气调查在调查内容上有所侧重，但是调查的基本原理和测算方法具有一定的共性。其中，企业信心调查主要是了解企业家对宏观经济运行态势和企业生产经营状况的判断和预期。消费者信心调查则通过对消费者主观感受和态度的测度，向社会提供消费者对国家或地区经济形势、就业形势、物价水平、家庭收入以及对耐用消费品购买时机的评价和预期。经济学家调查主要了解经济学家对国家或地区消费、投资、外贸、物价、就业形势以及经济运行中热点问题的判断。采购经理调查通过调查企业的采购经理或从事相关工作的高层管理人员，了解其对企业的采购、生产、经营等活动的判断和预期。

（三）景气指数的构建

　　景气调查通常采用随机抽样调查方法，使所抽取的样本对总体有足够的代表性，根据经济主体的特征而采取不同的抽样方法。调查问卷设计是景气调查的重要一环，问卷设计的合理性会直接影响调查的效果，一份好的调查问卷要遵循有用性、重要性、突出先行性景气指标、突出特色以及可识别五个原则。调查问卷的设计要站在客观、公正的角度上，题目设计不能产生歧义，避免调查对象因为背景知识不同而对问题的理解产生偏差。根据不同的调查对象设置调查指标，设计恰当的问题以满足不同使用者的需求，选取最具有代表性的和前瞻性的指标作为先行景气指标，选择最重要的指标进入调查问卷，避免重复，以提高调查效率。调查问卷中的问题主要以定性判断的选择题形式出现，调查对象只需就调查内容是"积极的（好或上升）""中性（一般或不变）""消极的（不好或下降）"三个答案做出选择即可，然后将定性判断定量化得到景气指数，对景气指数进行分析和研究以判断经济景气状态。

（四）景气指数的作用

景气调查集调查、分析和预测功能于一身。与定量调查相比，定性问题更容易回答，调查结果准确性更高。景气调查既能对现状进行判断，也能对未来进行预测，调查结果具有一定前瞻性。调查指标设置相对灵活，能够在很大程度上弥补传统统计指标的不足。调查周期短、反馈信息快，各国家和地区发布景气指数的时间通常早于传统统计数据，能更及时地反映经济波动，具有较强的时效性。景气指数等调查结果既可以描述经济现状，判断所处的阶段，也可以预测短期经济趋势，判断经济周期的转折点。景气调查既能对整个宏观经济景气动向进行判断，也能对经济活动的某些方面如消费、原材料价格、产品订单等的动向进行判断。因此，景气指数等调查结果可以为宏观经济决策提供参考依据，也是社会各界进行经营、投资和消费决策的重要参考。

二、景气指数的实践应用

（一）中国消费者信心指数

1. 消费者信心指数简介

消费者信心是指消费者对国家（地区）的经济发展形势和个人经济状况等经济现象的看法和预期。消费者信心指数（Consumer Confidence Index，

CCI）是以数学方法对消费者信心调查结果进行量化编制而成的指数，能够反映消费者信心的强弱。消费者信心调查的内容主要包括消费者对宏观经济形势、物价和股票市场走势以及个人消费、投资、就业和收入等情况的主观判断和预期。

第二次世界大战以后，美国经济逐步复苏，消费对经济增长的贡献增强。经济学家逐渐认识到消费者在经济生活中的重要作用，消费者的消费—储蓄决策决定着经济景气状况，消费者的态度和预期影响经济发展趋势。20世纪40年代起，美国密歇根大学调查研究中心开始研究消费需求对经济周期的影响，并建立起完善的调查制度，成为首家编制消费者信心指数的机构。1967年起，美国大型企业联合会（The Conference Board，TCB）也开始进行消费者信心调查。20世纪六七十年代是西方发达国家开展消费者信心调查的高峰期，加拿大、澳大利亚、德国、英国、法国、意大利以及日本都相继开展了消费者信心调查。1997年，国家统计局中国经济景气监测中心开始开展全国范围内的消费者信心调查。2002年起，部分地区的统计局、高校和商业机构开始开展区域性消费者信心调查，这些区域调查对于了解各个地区的消费者信心状况起到了重要的补充作用。

国外学者的研究表明，消费者信心指数能较好地预测国家（地区）的经济增长趋势，尤其是短期经济增长，消费者的预测能力并不比训练有素的经济学家逊色。在欧美国家和地区，消费者信心指数被政府部门和研究机构广泛地用作预测，成为监测宏观经济动态不可或缺的工具。消费者信心指数作为一个领先指标，与众多宏观经济指标关系密切。通过对消费者信心及其变化的测度，不仅可以对主要经济变量的走势进行有效监测，而且可以预测市场和消费行为的变化。20世纪80年代以来，美国商务部定期公布的经济分析中，消费者预期指数已经成为先行指标合成指数的重要组成部分。欧盟一些国家用消费者信心调查中半年度的宏观经济预测数据来判断商业周期的转折点，就业方面的调查数据也被较广泛的应用。欧洲中央银行利用调查结果监测欧元区的经济动态。OECD（经济合作与发展组织）的一些国家的机构将调查结果和经济指标比较，从而达到预测的目的。对于中国这样一个向市场经济转型、且消费对经济增长的贡献日益增强的国家，消费者信心数据不仅发挥了追踪和预判消费数量增长和结构变化的作用，也记录着中国经济转型的脉络和轨迹。当前,我国经济转型发展进入关键时期,消费对经济增长的驱动力不断增强,消费者信心指数预判宏观经济趋势的能力也将明显增强。

2. 中国消费者信心指数的构建方法

国家统计局中国经济景气监测中心率先建立了消费者信心调查制度,中国消费者信心指数及时为政府部门宏观决策提供参考依据,为企业和社会各界提供了重要信息。消费者信心调查主要内容包括消费者对我国宏观经济形势以及就业、物价和家庭收入情况的现实判断及未来预期;消费者对耐用消费品和服务购买时机的判断以及对家庭储蓄投资状况的判断等。

中国消费者信心调查采用计算机辅助电话访问(CATI)方式,每月对城乡消费者进行调查。采用分层多阶段随机抽样方法选取12个省(市)作为代表样本地区,其中,东部样本地区为北京、上海、山东、浙江和广东;中部样本地区为吉林、安徽、河南和湖南;西部样本地区为甘肃、四川和贵州。每月样本总量为3400个,其中城镇2400个,农村1000个。

中国消费者信心指数由消费者满意指数和消费者预期指数构成,消费者满意指数是指消费者对当前就业形势、当前家庭收入状况和购买时机的判断,预期指数是指消费者对未来6个月就业形势和家庭收入情况的预期。信心指数由满意指数和预期指数加权平均取得,满意指数和预期指数的权重分别为40%和60%,更增强了信心指数的预测能力。消费者信心指数、满意指数和预期指数的取值均在"0~200"。"100"为"乐观"和"悲观"的临界值。当信心指数大于100时,表明消费者趋于乐观,越接近200乐观程度越高;小于100时,表明消费者趋于悲观,越接近0悲观程度越深。

(二) 中国百名经济学家信心指数

1. 经济学家信心指数简介

经济学家信心调查是以问卷调查的形式收集经济学家对某一个国家或地区经济运行情况的判断和预期,对调查结果进行量化得到经济学家信心指数。经济学家调查的本质是德尔菲法,即通过寻求专业人群对经济形势进行判断。经济学家信心指数一般包括即期指数和预期指数,即期指数反映的是经济学家对当前总体经济形势的评价,预期指数反映的是经济学家对未来6个月经济总体趋势的预期。

最早开展经济学家调查的是德国 IFO 经济研究所（IFO Institute For Economic Research），从 1981 年试调查起至今已超过 30 年。从 2002 年 4 月开始，IFO 世界经济学家调查的样本量一直保持在 1000 个左右，接受调查的经济学家来自 90 多个国家和地区。基于调查结果，IFO 每个季度公布 100 多个国家的经济学家信心指数，并发布世界经济学家调查报告。IFO 的经济学家调查结果是国际公认的领先指标，被各国家和地区用于评价和预测经济状况。世界经济学家调查可提供某个国家或地区超过 20 年的时间序列数据，用于进行纵向分析经济发展趋势。一些知名跨国公司的战略部门也利用其调查数据预测行业前景。

2. 中国百名经济学家信心指数的构建方法

国家统计局中国经济景气监测中心于 2004 年开始进行中国经济学家信心试调查，2005 年起正式开展调查，调查结果被纳入 IFO 的世界经济学家信心指数中。中国经济学家信心指数和经济学家调查报告为政府部门宏观决策提供了重要的参考依据，也为企业和社会各界提供了更为全面的信息。

中国百名经济学家信心的调查对象是活跃在经济研究一线的知名专家学者，他们长期密切关注经济形势的变化，具有深厚的理论功底和丰富的实践经验。调查专家库有超过 200 名经济领域的专家，其中高等院校专家占 54%，经济管理部门专家占 19%，金融机构的研究人员占 18%，其他研究机构的专家比重为 9%。每季度参与调查的人数在 90 位左右。调查主要内容包括经济学家对我国宏观经济增长、消费、投资、外贸、物价形势和当前经济运行中热点问题的判断；对汇率、利率、房价、油价和粮价的判断，对世界经济走势的预期以及宏观经济政策建议。其中有两个问题用于计算中国经济学家信心指数，一是对当前总体经济形势的看法，通过"好"、"基本正常"、"差" 3 个选项的判断来计算即期指数；二是对未来 6 个月总体经济趋势的判断，通过"好转"、"大致持平"、"恶化" 3 个选项的判断来计算预期指数。

中国百名经济学家信心指数由即期指数和预期指数加权平均取得，各占 50% 的权重。经济学家信心指数、满意指数和预期指数的取值均在"1 ~ 9"。1 表示"极端悲观"，9 表示"极端乐观"，5 为"乐观"和"悲观"的临界值。当信心指数大于 5 时，表明经济学家趋于乐观，越接近 9 乐观程度越高；小于 5 时，表明经济学家趋于悲观，越接近 1 悲观程度越深。

（三）中国企业家信心指数

1. 企业景气指数简介

企业景气调查以企业家为调查对象，通过定性调查收集其对企业经营状况以及未来短期发展变化趋势的信息，企业景气指数是企业景气调查的量化结果。企业景气调查方法正式产生于 20 世纪 40 年代末、50 年代初的欧洲，最早由德国 IFO 经济研究所于 1949 年开展调查，法国、意大利和日本等国也相继开展了企业景气调查。1953 年，国际上第一个专门研究景气调查技术的国际性学术组织"经济趋势调查国际研究中心"CIRETS（Center for International Research on Economic Tendency Surveys）成立，该机构为促进世界各国在经济周期研究、企业景气调查以及消费者调查方面的理论知识和实际操作方面的交流提供了很好的平台，促进了企业景气调查的一致性和可比性。直到现在，该组织每两年举行一次国际性会议，供各国学者们交流和讨论景气预测和方法的最新发现。目前，全世界已有 80 多个国家开展企业景气调查，其中德国、日本和 OECD 的企业景气调查较具代表性。

企业景气调查的出现，是为了满足社会对于短期、及时经济信息的迫切需求，是对常规统计信息的重要补充。企业景气指数是经济周期波动的重要监测指标，依据企业景气指数的数值变化情况能够判断宏观经济运行所处阶段，并预测短期经济的走向。尤其是当经济处于周期性波动的敏感时期，企业景气调查为及时了解经济运行的方向提供了可靠的信息。企业景气调查涵盖了经济运行中的重要行业，不仅能得到各行业企业的经营状态信息，也可得到影响企业经营状态的相关因素的信息，反映企业经营的动力和障碍。通过进行行业间的比较分析，能够发现经济运行的内在动力和结构的变化，以此判断宏观经济发展的动力和困难。

2. 中国企业景气指数的构建方法

相对于欧洲和日本，我国的企业景气调查起步较晚。20 世纪 90 年初，随着我国社会主义市场经济的建立和发展，为满足各级党政领导、各级政府宏观经济决策和管理的需要，我国有关政府部门、科研机构借鉴了国外企业景气调查的理论和方法，开始着手研究并开展企业景气调查。1998 年，国家统计局决定在全国范围内正式开展企业景气调查。1999 年，企业景气调查正式列入国家统计调查制度。2012 年起，中国经济景气监测中心承担了企业景气调查工作，对企业景气调查制度进行了较大调整，调查内容和计算方法更侧重于对未来的预测，企业景气调查结果的预判性大大增强。2016 年，中国企业景气调查的调查范围为 6 个国民经济重要行业，分别是工业、建筑业、批发和零售业、住宿和餐饮业、房地产开发经营业和服务业（包括交通运输、仓储和邮政业，信息传输、软件和信息技术服务业，租赁和商务服务业，科学研究和技术服务业，水利、环境和公共设施管理业，教育，卫生和社会工作，文化、体育和娱乐业等）。调查采用按行业分层、层内按与样本规模成比例的概率抽样方法抽选调查样本，每个行业按其规模比重分配样本量。2016 年调查样总量超过 50 万家企业。

企业景气调查为季度调查，调查对象为企业经营管理者。调查内容包括上季和本季企业生产经营情况、企业盈利与资金使用情况、企业用工情况和相关政策落实情况，以及对下季度本企业、本行业运营和国民经济宏观形势的预期。调查问题的答案一般为三个，如"上升"、"持平"、"下降"或"高于正常水平"、"正常水平"或"低于正常水平"，分别代表对不同问题积极的、中性的或消极的判断。对于容易受季节影响的指标（如盈利状况、存货水平、订单水平、投资计划等指标），采取了由受访者自主调节的方法来减轻季节影响，调查是否"高于"、"处于"或"低于"正常水平，与"上年同期相比"等。

中国企业景气指数依据于企业家对企业综合经营状况的判断和预期计算企业景气指数。企业景气指数包括即期指数和预期指数，为两个指数的加权平均数，即期指数和预期指数的权重分别为 40% 和 60%。企业景气指数的取值范围在 0 ~ 200，以 100 为临界值，当指数大于 100 时，反映经济景气状态是良好的、乐观的，越接近 200 乐观程度越高；当指数小于 100 时，反映经济景气状态是不佳的、悲观的，越接近 0 悲观程度越严重。

三、当前经济形势的判断与预期

经济景气指数的重要作用在于判断经济运行所处的阶段，并预测未来短期的走势。景气指数的发布通常早于常规统计指标，能够为社会各界把握经

济形势提供及时的参考信息。这部分，我们将依据中国经济景气监测中心
2016 年三季度所发布的经济学家信心指数、消费者信心指数和企业景气指数
对当前经济形势进行判断和短期预测。

（一）宏观经济运行总体平稳，短期预期谨慎乐观

1. 企业家、消费者和经济学家预期指数均明显回升

2016 年前三季度，中国消费者信心指数①一季度、二季度和三季度分别
为 102.8 点、101.2 点和 105.7 点，连续三季度处于乐观区域，三季度乐观程
度比前两个季度明显提高。其中，体现消费者对当前形势看法的满意指数三
季度回升到乐观区域，达到 101.4 点；反映消费者对未来形势看法的预期指
数三个季度均处于乐观区域，三季度预期指数回升到了 108.6 点，表明了消
费者对未来 6 个月我国经济形势的乐观态度。

前三季度，中国企业景气指数分别为 107.1 点、107.8 点和 111.3
点，三季度明显回升，分别比一、二季度高 4.2 点和 3.5 点，反映了经济
运行平稳向好的态势。其中，反映企业家对当前形势判断的即期景气指数
和对未来看法的预期景气指数均有明显回升，前三季度即期景气分别为
102.8 点、106.0 点和 109.7 点，预期景气指数分别为 109.9 点、109.0
点和 112.4 点，预期指数上升至较高景气水平，企业家对未来经济形势的
乐观程度明显提高。

前三季度，中国百名经济学家信心指数分别为 4.13 点、3.74 点和 3.88
点，三季度信心指数回升幅度较小，但 2016 年前三季度信心指数已明显高于
2015 的下半年，2015 年三、四季度信心指数分别为 3.55 点和 3.52 点，今年
国民经济呈现平稳向好的趋势。三季度，体现经济学家对当前形势满意程度
的即期景气指数和反映其对未来经济趋势乐观程度的预期指数走势产生分化。
其中，即期景气指数前三季度分别为 3.2 点、3.43 点和 3.29 点，三季度比上
季度下降 0.14 点；预期景气指数分别为 5.05 点、4.05 点和 4.48 点，三季度
比上季度提高了 0.43 点，经济学家对未来经济发展持谨慎乐观的预期，经济
运行在短期内可能有所好转。

---

① 中国消费者信心指数为月度数据，每个季度数据为当季三个月度数据的平均数。

2. 2016 年经济增长总体平稳

对于 2016 年的经济增长趋势，经济学家信心调查结果显示，前三季度，经济学家对 2016 年 GDP 增长率的预测值分别为 6.53%、6.59% 和 6.59%，均略高于 6.5%，宏观经济将保持平稳运行态势。三季度，经济学家预期 2017 年 GDP 增长 6.40%，GDP 走势呈现略向下滑的 L 形。从需求侧看，经济学家预期未来 6 个月，固定资产投资增长缓中趋稳，消费保持平稳增长，对外贸易形势预期改善，顺差有所增加。

2016 年固定资产投资增长 8.4%。经济学家信心调查结果显示，前三季度，经济学家对 2016 年固定资产投资增长率的预测值分别为 11.9%、9.7% 和 8.4%。三季度，有 76% 的经济学家认为当前投资需求"不足"，比上季度增加 9 个百分点；有 58% 的经济学家预期未来 6 个月投资增长将"大致持平"，比上季度增加 14 个百分点；只有 16% 的经济学家预期投资"增长加快"。调查结果表明，尽管 2016 年固定投资增长缓慢，但也逐渐趋于平稳。对于 2016 年民间投资增长速度，经济学家二季度和三季度的预测值分别为 4.0% 和 2.5%。对于房地产开发投资增速，经济学家前三个季度的预期值分别为 3.5%、6.0% 和 5.2%。对于未来 6 个月我国外商直接投资（FDI），三季度，60% 的经济家预期 FDI 增长将"持平"。企业景气调查结果显示，企业投资景气指数前三季度分别为 85.6 点、85.9 点和 87.2 点，走势基本平稳，企业投资意愿没有明显增强的趋势。

2016 年消费增长保持基本平稳。经济学家信心调查结果显示，三季度，有 71% 的经济学家认为当前消费"正常"，比上季度增加 10 个百分点；86% 的经济学家预期未来 6 个月消费增长"大致持平"，比上季度增加 17 个百分点，表明消费将延续平稳增长的态势。总体上看，消费者消费意愿较强，城市居民消费意愿更高。消费者信心调查显示，三季度，近一半消费者认为当前是购买自己所需物品的良好时机，比重比一、二季度有所增加。对于未来 6 个月家庭余钱的主要用途，前三季度，消费者的首选是购买商品和服务，选择比重明显高于储蓄和投资理财。

2016 年对外贸易形势有所改善，进出口增长稳中有升。经济学家信心调查结果显示，三季度，有 40% 的经济学家预期未来 6 个月出口增速"上升"，比上季度增加 17 个百分点；34% 预期进口增速"上升"，比上季度增加 9 个百分点；预期进、出口增长加快的经济学家明显增加。综合未来进出口形势变化，43%的经济学家预期贸易"顺差增加"；31%预期"不变"；26%预期"顺差减少"，比上季度减少 12 个百分点；预期贸易顺差稳中有增。

3. 居民消费价格温和上涨，工业生产者出厂价格回升

经济学家信心调查显示，前三季度，经济学家对 2016 年居民消费价格（CPI）的预测值分别为 2.2%、2.2% 和 1.8%，预期 2016 年居民消费价格温和上涨。三季度，71%的经济家预期未来 6 个月 CPI 将"窄幅波动"。三季度，45%的经济学家预期未来 6 个月工业生产者出厂价格（PPI）将"逐步上升"，比上季度增加 7 个百分点；44%预期"窄幅波动"，减少 8 个百分点；11%预期"逐步下降"，增加 1 个百分点；前三季度，预期 PPI 回升的经济学家比重持续增加。

4. 就业形势保持基本稳定

经济学家调查结果显示，三季度，58%的经济学家预期未来 6 个月我国"就业稳定"，比上季度增加 3 个百分点；38%预期"失业率上升"，比上季度减少 7 个百分点；4%预期"失业率下降"，上季度没有经济学家预期失业率下降。消费者信心调查结果显示，三季度，51%的消费者对当前就业形势表示满意，54.6%的消费者对未来就业形势预期乐观，表示满意和预期乐观的比重比前两个季度明显增加。企业景气调查结果显示，前三季度企业用工景气指数分别为 99.0 点、97.5 点和 97.3 点，二、三季度基本保持平稳。分地区看，东、中部地区企业用工意愿保持平稳，西部地区略有回落，但东北地区企业用工意愿明显下滑，需谨防局部地区失业压力加大。

（二）供给侧改革成效显现，产业结构持续优化升级

供给侧结构性改革取得积极进展，产业结构优化趋势延续。企业景气调查结果显示，前三季度，高新技术制造及服务业和生产性服务业的景气度一直较高，且明显高于总体景气度。三季度，高新技术制造业景气指数达到120.0 点，比二季度回升 3.2 点；生产性服务业景气指数为 116.2 点，比二季度回升 2.2 点；表明产业结构持续优化。具体来看，IT 服务业即信息传输、软件和信息技术服务业的景气指数均明显高于其他行业，三个季度均超过了历史上较高的景气状态 120.0 点，三季度更上升到了 125.7 点，比全部行业企

业景气指数高 14.4 点。作为生产性服务业代表的租赁和商务服务业、科学研究和技术服务业景气指数相对较高，三季度均在 110 点上下，三季度分别上升到114.2 点和112.5 点。与基础设施相关的水利、环境和公共设施管理业的景气度也较高，三季度为 116.8 点，但比一季度和二季度分别回落 6.0 点和4.5 点。不过，建筑业和房地产业景气度相对较低，前两个季度景气指数均低于 100 点，三季度分别小幅回升至100.5 点和102.6 点。受居民消费稳定增长与消费结构升级的影响，批发零售业、住宿餐饮业和居民服务业景气度明显回升，分别比上季度回升6.2 点、6.2 点和4.4 点。

"三去一降一补"五大任务取得了实效，工业产品供求关系产生积极变化。受工业品价格上涨及国际大宗商品价格上涨的影响，工业企业效益明显好转，工业企业景气度三季度显著回升，比上季度上升4.1 点，达到 114.3点。其中，与消费关联密切的行业景气度明显好于资源密集型企业，如与消费相关的医药（134.8 点）、食品（129.7 点）、汽车制造（125.4 点）、农副食品（123.3 点）、烟草（121.9 点）、酒饮料茶（120.8 点）等行业景气度较高，汽车行业的景气度比上季度大幅提升 11.1 点。高技术产业景气度也较高，其中 IT 设备（即计算机、通信和其他电子设备制造业）和仪器仪表也达到了较高的景气度，分别为122.6 点和120.5 点，分别比上季度回升了 6.0 点和4.8 点，反映了产业结构的升级趋势。资源密集型行业景气度相对较低，如有色、化工、石油加工、钢铁和采矿业。不过，受国际大宗商品价格回升及工业库存见底的影响，三季度石油、钢铁、有色行业的从底部明显反弹。

（三）经济运行中面临的困难和挑战

1. 世界经济运行不稳定因素的影响

世界经济运行不稳定和不均衡因素较多，金融市场波动和地缘政治风险也加大了世界经济复苏的不确定性。经济学家调查结果显示，对于未来 6 个月主要经济体的经济走势，经济学家认为发达经济体总体上好于新兴经济体。三季度，分别有48% 和46% 的经济学家预期美国经济走势"基本稳定"或"改善"；70% 的经济学家预期欧元区和日本经济走势"基本稳定"，不过，也有超过 1/5 的经济学家预期这两个经济体走势"恶化"；发达经济体复苏仍然缓慢，存在较大的不确定性。

经济学家预期新兴经济体呈现分化走势，且面临着较大风险。60%的经济学家预期未来6个月巴西经济走势"恶化"；分别有51%和41%的经济学家预期印度"基本稳定"或"改善"；对于俄罗斯，47%预期"基本稳定"，23%预期"改善"，30%预期"恶化"；对于南非，59%预期"基本稳定"，17%预期"改善"，24%预期"恶化"。

全球经济低迷加剧了各国的贸易保护。对于未来12个月全球贸易主义态势，绝大多数经济学家认为难以缓解。51%认为会"维持现状"，47%认为将"更加严重"，仅2%认为将"趋于缓解"。

2. 防范房地产市场过热风险

前三季度，我国房地产市场呈现出地区分化态势，部分城市房价大幅上涨，房地产市场泡沫膨胀，风险加剧。不同城市中，一二线城市房价高企，房价上涨预期增强；三四线城市去库存压力仍然较大，部分城市房价和销量均呈现下降走势。在9月下旬开展的经济学家信心调查结果显示，三季度，64%的经济学家预期北上广深等一线城市未来6个月房价"上涨"，34%预期"持平"，2%预期"下跌"；51%预期省会城市房价"上涨"，36%预期"持平"，13%预期"下跌"；7%预期其他城市房价"上涨"，39%预期"持平"，54%预期"下跌"。消费者信心调查也显示，东部地区房价上涨预期更强，9月份，东、中、西部地区预期房价"上涨"的消费者分别占61.8%、43.7%和40.4%。

关于房地产销量，40%的经济学家预期北上广深等一线城市未来6个月销量"上升"，40%预期"持平"，20%预期"下降"；40%预期省会城市销量"上涨"，39%预期"持平"，21%预期"下降"；13%预期其他城市销量"上涨"，31%预期"持平"，56%预期"下降"。

对于三季度我国房地产市场形势，34%的经济学家认为"整体泡沫严重"，54%认为"局部泡沫严重"，4%认为有"轻微泡沫"，8%认为"基本正常"；大多数经济学家认为房地产市场存在严重泡沫。经济学家也把"房价大幅波动"作为当前中国经济首要防范和化解的风险。

上述三季度经济学家和9月的消费者信心调查结果完成后，房价上涨过快的22个热点城市相继出台了房地产调控措施。这一轮调控措施主要是针对前期房价上涨过快的部分城市，主要针对投资性和投机性需求的局部调控。

10月份上半个月的统计数据显示，调控取得了初步成效，一线和部分二线城市、热点城市房地产销售增长回落，还有少数城市出现了环比下降情况，房价走势开始趋稳，价格逐渐恢复理性。调控措施的出台及时有效，有利于合理引导市场预期，抑制房地产过度投资，防止房地产大起大落对经济带来的不利影响，保持经济的稳定增长。

3. 防范金融不良资产上升和经济增长失速下滑风险

对于当前中国经济要注意防范和化解的主要风险，除房价大幅波动（经济学家的选择比重为61%）外，经济学家选择比重较高的还有金融不良资产上升（51%）和经济增长失速下滑（50%），其次是不作为现象蔓延（45%）、地方债务风险（42%）、产能过剩加剧（31%）、粗放增长模式回归（29%）、收入差距进一步加大（27%）和失业率上升（25%），其他选择依次是破产企业明显增加（20%）、通货紧缩（19%）、民间借贷风险（19%）、出口环境恶化（19%）和资源环境保护不力（7%），部分经济学家还提出应注意"人民币贬值及资本外流"和"去优质产能而保留落后"等风险。

（四）对宏观经济政策和改革的建议

对于宏观经济政策和改革的建议，经济学家认为应保持宏观经济政策的连续性和稳定性，注重财政政策和货币政策的协调性，更好发挥积极财政政策稳增长和结构调整的作用；促进民间投资增长，防止政府投资的挤出效应；发展现代服务业和高端制造业，促进经济新旧动力转换。

1. 保持货币政策的稳定性，更多发挥积极财政政策的作用

多数专家认为应保持宏观政策的连续性、稳定性，积极的财政政策和松紧适度的稳健的货币政策配合使用，从供求两侧同时发力稳定经济。经济学家认为货币政策宜保持基本稳定。调查结果显示，33%的经济学家认为未来6个月存款准备金率应"维持不变"，54%认为应"降低1次"，13%认为应"降低2次"。52%的经济学家认为未来6个月存贷款基准利率应"维持不变"，44%认为应"下调1次"，2%认为应"下调2次"，另有2%认为应"上调"。经济学家建议货币政策应保持稳健，同时应注意防止资产泡沫和金融风险。

经济学家认为积极的财政政策不仅能适度扩大总需求，当前能更好地发挥结构调整和引导投资作用。建议加大减税力度，特别是对中小微企业和中低收入者的减税力度，加大营改增的落实力度，加大对传统行业和产业技术改造的投入力度，落实好阶段性扩大加速折旧政策的适用范围，有效降低企业经营成本，克服目前资金"脱实向虚"的趋势，有效推进结构性改革。

2. 提振民间投资，释放经济增长潜力

对于当前民间投资增长持续下滑的主要原因，经济学家选择比重最高的是"经济下行压力较大，缺乏投资信心"（88%），其他选择依次是"政策不确定性较大"（51%）、"垄断性行业改革滞后"（48%）、"融资成本过高"（41%）、"经济发展方向不明"（36%）、"资本向海外转移"（34%）、"民营企业获取政府关联项目机会少于国有企业"（34%）和"PPP（公私合伙或合营）推进不力"（12%），部分经济学家认为原因可能还包括"办企业不如炒房子"、"宏观税负较重"、"产权保护恶化"和"政府激励机制不到位"等。经济学家建议保持政策的稳定性和透明度，加大对民间资本投资的引导和鼓励，确保民间投资对未来的经济发展态势和宏观政策与改革有稳定的预期。进一步降低社会资本进入一些竞争性行业的各种有形和无形限制，防止政府投资对民间投资的挤出效应，并推出更多更好的 PPP 项目，激发民间投资活力。

3. PPP 项目推进亟待落到实处。

对于迄今为止 PPP 项目的进展情况，调查结果显示，9% 的经济学家认为"成效较大"，比上年三季度增加 1 个百分点；84% 认为"成效较小"，增加 10 个百分点；7% 认为"没有成效"，减少 11 个百分点。对于未来 12 个月 PPP 在稳增长方面发挥的作用，21% 的经济学家预期作用"较大"，67% 预期"较小"，8% 预期"几乎没有"，另有 4% 表示"不清楚"，与上年二季度调查结果基本一致。PPP 项目推进亟待落到实处。

4. 发展现代服务业和高端制造业，促进经济新旧动力转换

对于未来 3 年对我国经济增长贡献会增强的因素，经济学家认为最为突出的是现代服务业（选择贡献程度"加大"的比重为 89%）和高端制造（85%），其他选择比重较高的依次是互联网 +（76%）、人力资本（71%）、消费升级（69%）、"一带一路"战略（61%）、创新创业（60%）、长江经济带（54%）、市场化改革（53%）、现代农业（52%）和京津冀协同发展

（51%）。与此同时，经济学家们普遍认为未来 3 年对经济增长贡献会减弱的因素主要有房地产（选择贡献程度"减弱"的比重为 71%）、地方政府竞争（43%）、投资增长（38%）、汽车制造（36%）和出口增长（34%）。

此外，经济学家建议着力推进和落实供给侧改革的各项任务，改革重点在于经济体制机制改革，并加大改革措施落地的执行力；促进政府职能转变，进一步明晰政府和市场治理边界；深化金融体制改革，稳健推进金融开放创新和人民币国际化进程，警惕国际资本流动风险；大力发展普惠金融，促进金融服务于民营经济和实体经济发展；遏制房地产市场泡沫膨胀，防范经济系统性风险；提高社会保障水平，切实做好精准扶贫和下岗失业人员的就业安置。

（国家统计局中国经济景气监测中心　赵军利）

"一带一路"国别合作度指数体系建设研究

2013 年 9 月，习近平主席在出访中亚哈萨克斯坦期间首次提出共建"丝绸之路经济带"的构想，同年 10 月在习近平主席出访东南亚印度尼西亚期间首次提出共建"21 世纪海上丝绸之路"的倡议，合称"一带一路"倡议，得到国内外的广泛关注和积极响应。2015 年 3 月国家发展改革委员会、外交部、商务部联合发布的《推进共建丝绸之路经济带和 21 世纪海上丝绸之路的愿景与行动》（以下简称《愿景与行动》）指出，推进"一带一路"建设既是中国扩大和深化对外开放的需要，也是加强和亚欧非及世界各国互利合作的需要，并部署了我国在"一带一路"建设上对外、对内的战略目标，即对外要形成全方位开放格局，深度融合世界经济体系，致力于亚欧非大陆及附近海洋的互联互通，积极建立和加强沿线各国互联互通伙伴关系，构建全方位、多层次、复合型的互联互通网络，实现沿线各国多元、自主、平衡、可持续的发展；对内要充分发挥国内各地区比较优势，加强东中西互动合作，各区域齐头并进，全面提升我国开放型经济水平。"一带一路"提出三年多来，在政策沟通、设施联通、贸易畅通、资金融通、民心相通等方面都取得了丰硕成果。

为全面评估"一带一路"建设的成效，国家信息中心"一带一路"大数据中心组建专项课题组，经过一年多的深入调查研究，提出一套由国别合作度指数和省市参与度指数构成的测评"一带一路"发展成效的综合评价体系。国别合作度指数面向"一带一路"沿线国家，利用大数据分析手段，测评沿线 64 个国家与我国的互联互通合作水平。

一、指数说明

1. 指标体系

"一带一路"国别合作度指数从国际视角入手，紧紧围绕《愿景与行动》所提出的五大合作重点（政策沟通、设施联通、贸易畅通、资金融通、民心相通），构建了政策沟通度、设施联通度、贸易畅通度、资金融通度、民心相通度五个维度的评价模型（见图1），旨在反映中国与"一带一路"沿线国家在以上五个方面的合作成效。五个维度的评价要点设置均紧扣《愿景与行动》中设定的重点合作内容，以确保评价目标与"一带一路"战略目标一致，发挥评价工作科学指引、激励发展的作用。

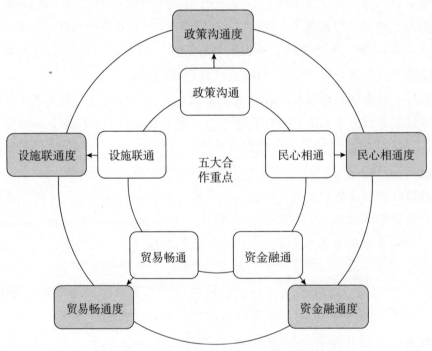

图1　"一带一路"国别合作度指数评价模型

"一带一路"国别合作度指标体系由 5 个一级指标、11 个二级指标、30 个三级指标组成。鉴于 5 个一级指标均是《愿景与行动》中列出的五大重点合作内容，权重分配比重为 1∶1∶1∶1∶1，即各占 20 分，总共 100 分，具体指标内容见图2。其中政策沟通度从两个方面评估沿线国家与中国的政策沟通程度：一是以高层领导互访和伙伴关系为代表的政治互信程度；二是以双方签署的联合声明、双边协定和合作备忘录为代表的双边政策文件。设施联通度侧重考察三个方面：一是航空、公路、铁路、海路等交通基础设施的联通程度；二是电话线路覆盖率、互联网普及率、跨境通信设施等为代表的通信设施联通程度；三是跨境输电线路建设、跨境油气管道建设等能源基础设施的联通程度。经贸畅通度从贸易与投资两个方面考察：一是从双边贸易总额和双边贸易总额增速，反映双边贸易体量与潜力；二是从两国间非金融类直接投资、重大工程项目合作来反映双边投资合作进展及潜力。资金融通度从实际开展的金融合作和搭建的金融支撑环境两个方面评估：金融合作方面，考察双边本币互换协议签署以及亚洲基础设施投资银行（以下简称"亚投行"）合作情况；金融支撑环境方面，重点从人民币清算行建立、本币互换清算网络搭建、我国银行海外布局方面反映金融支撑环境强弱。民心相通度，一方面考察友好城市建设、文化交流活动、旅游签证便利化、孔子学院建设等具体的文化与人才交流推进情况；另一方面从"民心所向"的角度，考察双方公众对两国合作的期待程度。具体指标内容、指标说明及权重分配见表1。

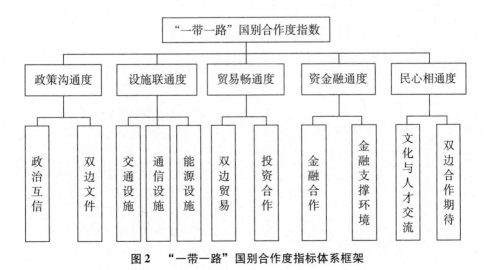

图2 "一带一路"国别合作度指标体系框架

表1   "一带一路"国别合作度指标体系

一级指标	二级指标	三级指标	指标说明	权重
政策沟通度（20）	政治互信（10）	高层互访	考察两国高层领导互访级别和互访次数，反映两国政府高层对未来合作的重视程度与互信程度	5
		伙伴关系	考察我国与该国确定的外交伙伴关系级别（如全天候战略合作伙伴、全面战略合作伙伴、全面战略伙伴、战略伙伴、友好合作伙伴等），反映两国双边合作关系紧密程度	5
	双边文件（10）	联合声明	考察该国是否与我国签署了加强双边合作的联合声明，反映两国对互利合作的认可与承诺	3
		双边协定	考察两国在贸易、投资、关税、金融监管等领域签订的双边协定数量，反映两国在深化经济合作方面的政策扶植力度	4
		合作/谅解备忘录	考察两国间是否有关于两国加强合作、共同推进"一带一路"战略的备忘录，或者"一带一路"战略与本国战略对接等方面的合作备忘录，反映两国政府对"一带一路"建设的政策支持	3
设施联通度（20）	交通设施（8）	航空联通度	考察中国与该国间通航的航班架次，反映两国在航空领域的联通程度	2
		公路联通度	考察中国是否与该国有直接联通的公路，反映两国在公路基础设施领域的联通程度	2
		铁路联通度	考察中国是否与该国有通达的货运和客运班列，反映两国在铁路基础设施领域的联通程度	2
		海路联通度	考察中国与该国贸易运输方式中海运运输量占总运输量的比例，反映两国在海上航运的联通程度	2
	通信设施（6）	电话线路覆盖率	考察该国电话线路的普及情况，反映电话通信联通的基础水平	2
		互联网普及率	考察该国互联网的普及情况，反映网络联通的基础水平	2

一级指标	二级指标	三级指标	指标说明	权重
设施联通度（20）	通信设施（6）	跨境通信设施建设	考察是否与我国建设了跨境通信设施，反映通信基础设施的联通水平	2
	能源设施（6）	跨境输电线路建设	考察是否与我国建设了跨境输电线路，反映电力领域的设施联通水平	3
		跨境油气管道建设	考察是否与我国建设了跨境油气管道，反映油气领域的设施联通水平	3
经贸畅通度（20）	双边贸易（8）	双边贸易总额	考察2015年我国与该国双边贸易总额情况，反映两国双边贸易总量及水平	4
		双边贸易总额增速	考察2015年我国与该国双边贸易额增速，反映两国双边贸易增长潜力	4
	投资合作（12）	我国对该国非金融类直接投资	考察2015年我国对该国直接投资情况，反映我国对该国投资水平	3
		该国对我国非金融类直接投资	考察2015年我国接受该国直接投资的情况，反映该国对我国投资水平	3
		海外工程项目合作	考察2015年中国与该国在建"一带一路"重大项目总体情况，反映两国在重大项目投资建设方面的合作水平	6
资金融通度（20）	金融合作（10）	双边本币互换	考察是否与我国央行签订了本币互换协议，反映双边货币互换的便利化程度	5
		亚投行参与情况	考察该国是否是亚投行成员国，反映双边金融合作的潜力及水平	5
	金融支撑环境（10）	人民币清算行	考察是否在该国设立人民币清算行，开展人民币跨境汇兑业务，反映人民币结算的便利程度	3
		本币互换清算网络	考察是否建立了双边本币互换的清算网络等基础设施，反映人民币与该国本币互换的实际实现程度	4
		我国银行海外分布	考察我国各大银行在该国设立分支机构的数量，反映中资银行在该国的金融服务水平	3

续　表

一级指标	二级指标	三级指标	指标说明	权重
民心相通度（20）	文化与人才交流（12）	友好城市建设	考察中国与该国建立的友好城市数量，反映我国与该国有关城市对增加居民或文化交流的重视	3
		文化交流	基于互联网大数据分析技术，考察两国间政府和民间机构开展的论坛、博览会、研讨会、艺术节等文化交流活动的数量，反映两国间文化交流水平	3
		旅游签证便利化	考察我国与该国间建立旅游签证的级别，反映两国间旅游合作水平	3
		孔子学院建设	考察我国在该国设立孔子学院的情况，反映我国传统文化在该国的宣传、推广水平	3
	双边合作期待（8）	对方合作期待度	基于互联网大数据分析技术，考察该国媒体和网民对我国及"一带一路"合作的关注度和正面情绪占比，反映该国民众对双边合作的期待程度	4
		我方合作期待度	基于互联网大数据分析技术，考察我国媒体和网民对该国及"一带一路"合作的关注度和正面情绪占比，反映我国民众对双边合作的期待程度	4

2. 评价范围

《愿景与行动》强调"坚持开放合作"，明确指出"'一带一路'相关的国家基于但不限于古代丝绸之路的范围，各国和国际、地区组织均可参加，让共建成果惠及更广泛的区域"，即"一带一路"是开放、包容的国际区域经济合作网络，并不局限于相邻国家的次区域合作。但考虑到指标的稳定性和数据的可采性等因素，并参照商务部①等有关部门发布相关公报时的国别范围，这次测评最终确定64个国家作为参评对象。随着"一带一路"建设的逐

---

① 商务部 . 2014 年中国对外直接投资统计公报，2014。

步推进，我们将视情况进一步拓展和调整参评范围。本次参评国家及其区域分布如下（见表2）。

表2　　　　　　　　　　64个参评国家及所属区域

区　域	国　家	国家数量
东北亚	蒙古、俄罗斯	2
东南亚	新加坡、印度尼西亚、马来西亚、泰国、越南、菲律宾、柬埔寨、缅甸、老挝、文莱、东帝汶	11
南亚	印度、巴基斯坦、斯里兰卡、孟加拉国、尼泊尔、马尔代夫、不丹	7
西亚北非	阿联酋、科威特、土耳其、卡塔尔、阿曼、黎巴嫩、沙特阿拉伯、巴林、以色列、也门、埃及、伊朗、约旦、叙利亚、伊拉克、阿富汗、巴勒斯坦、阿塞拜疆、格鲁吉亚、亚美尼亚	20
中东欧	波兰、阿尔巴尼亚、爱沙尼亚、立陶宛、斯洛文尼亚、保加利亚、捷克、匈牙利、马其顿、塞尔维亚、罗马尼亚、斯洛伐克、克罗地亚、拉脱维亚、波黑、黑山、乌克兰、白俄罗斯、摩尔多瓦	19
中亚	哈萨克斯坦、吉尔吉斯斯坦、土库曼斯坦、塔吉克斯坦、乌兹别克斯坦	5

3. 数据来源

"一带一路"国别合作度指数数据主要有以下两种来源：一是国内外官方统计数据，包括国家统计局、商务部、外交部、民航局等国内政府部门官方出版的统计年鉴、对外投资公报等，以及世界银行和各国政府统计、海关等部门的官方统计数据；二是全球互联网数据，该类数据的采集由国家信息中心"一带一路"大数据中心合作方亿赞普集团负责提供。

二、总体评价结论

为使得参评对象间更具可比性，课题组对评价结果进行了类型与等级划分。按照"一带一路"国别合作度指数的测评结果，我们将沿线国家的互联互通合作程度划分为四种类型："深度合作型"（80～100分，含80分）、"快速推进型"（60～80分，含60分）、"逐步拓展型"（40～60分，含40分）、"有待加强型"（40分以下），如图3所示。其中，"深度合作型"国家是指积极参与我国"一带一路"建设，与我国在政策、设施、贸易、资金、人文交流等方面的互通合作水平均较高；"快速推进型"国家是指借助于"一带一路"战略契机，快速发展与我国在有关领域的互利合作，但在政策、设施、贸易、资金、人文交流等个别方面还存在短板；"逐步拓展型"国家是指已与我国开展"一带一路"部分领域的合作，但在政策、设施、贸易、资金、人文交流等较多方面还存在明显短板；"有待加强型"国家是指与我国在政策、设施、贸易、资金、人文交流等方面的互通合作水平均较低，未来还有待进一步强化合作。

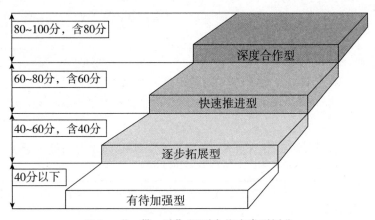

图3 "一带一路"国别合作度类型划分

测评结果显示，"一带一路"沿线国家国别合作度指数平均得分为43.55分（见表3）。其中，深度合作型国家有2个（占3.13%），快速推进型国家有13个（占比20.31%），逐步拓展型国家有17个（占比26.56%），有待加强型国家有32个（占比50%）。

表3   "一带一路"国别合作度测评结果

排　名	国　家	总得分	类　型
1	俄罗斯	85.09	深度合作型
2	哈萨克斯坦	81.25	

续 表

排 名	国 家	总得分	类 型
3	泰国	74.01	
4	巴基斯坦	72.40	
5	印度尼西亚	71.33	
6	越南	70.74	
7	马来西亚	69.89	
8	新加坡	69.22	
9	蒙古	67.62	快速推进型
10	老挝	65.98	
11	土耳其	62.45	
12	波兰	61.82	
13	缅甸	61.43	
14	斯里兰卡	61.34	
15	柬埔寨	60.98	
16	阿联酋	58.26	
17	埃及	57.99	
18	印度	57.74	
19	吉尔吉斯斯坦	57.22	
20	白俄罗斯	56.58	
21	伊朗	56.43	
22	塔吉克斯坦	53.40	
23	沙特阿拉伯	51.66	逐步拓展型
24	匈牙利	51.49	
25	卡塔尔	49.32	
26	乌兹别克斯坦	49.10	
27	尼泊尔	47.73	
28	捷克	47.05	
29	菲律宾	46.33	
30	孟加拉国	46.32	

排　名	国　家	总得分	类　型
31	乌克兰	43.75	逐步拓展型
32	塞尔维亚	42.68	
33	以色列	39.98	
34	马尔代夫	38.63	
35	约旦	38.39	
36	土库曼斯坦	37.71	
37	罗马尼亚	37.43	
38	科威特	36.81	
39	阿塞拜疆	36.66	
40	格鲁吉亚	35.94	
41	保加利亚	34.17	
42	文莱	33.27	
43	斯洛伐克	32.42	
44	巴林	30.82	
45	亚美尼亚	30.34	有待加强型
46	阿富汗	30.00	
47	阿曼	27.10	
48	伊拉克	25.83	
49	斯洛文尼亚	25.22	
50	克罗地亚	24.89	
51	立陶宛	24.87	
52	阿尔巴尼亚	24.50	
53	东帝汶	24.33	
54	爱沙尼亚	23.79	
55	黑山	22.31	
56	黎巴嫩	22.20	
57	拉脱维亚	21.67	
58	马其顿	21.52	

续　表

排　名	国　家	总得分	类　型
59	叙利亚	20.75	有待加强型
60	摩尔多瓦	19.26	
61	也门	18.73	
62	波黑	16.83	
63	巴勒斯坦	13.66	
64	不丹	8.67	
平均得分		43.55	

从国别所属区域来看，东北亚、东南亚国家与我国"一带一路"合作最为紧密，西亚、北非和中东欧的合作度有待加强。东北亚两国（俄罗斯、蒙古）和大多数东南亚国家都属于"深度合作型"和"快速推进型"（见图4）。其中，东北亚国家在政策沟通度、设施联通度、资金融通度和民心相通度指标上的平均得分均最高（见表4），东南亚国家在贸易畅通度指标上的平均得分最高。

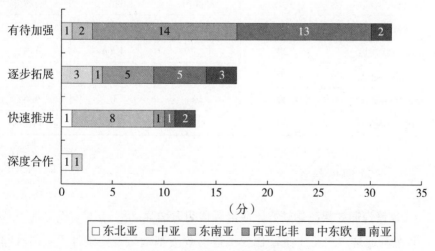

图4　不同类型的区域分布情况

从五个评估维度来看，"民心相通度"平均得分相对较高且各国分数大体均衡，"资金融通度"和"设施联通度"的各国得分差异较大。民心相通度的平均分最高，为11.30分；而设施联通度平均分最低，为5.91分（见表

5）。为分析五个维度上各国的得分差异，我们引入了离散系数①，其中资金融通度的离散系数最大（见图5），反映我国与"一带一路"沿线国家在资金融通方面发展并不平衡，国家间差异较大；民心相通度的离散系数最小，反映我国与沿线国家在民心交流、文化沟通方面相对均衡。

表4　　　　　　　　不同区域一级指标平均得分情况　　　　　　　单位：分

维度 地区	政策沟通度	设施联通度	贸易畅通度	资金融通度	民心相通度
东北亚	17.50	15.95	13.80	13.00	16.11
东南亚	13.00	7.25	13.82	10.18	14.62
中亚	13.80	9.12	10.36	10.00	12.46
南亚	11.36	5.20	11.65	7.14	12.20
西亚北非	7.65	4.61	9.14	6.00	9.77
中东欧	8.39	4.87	6.62	3.58	9.81

表5　　　　　　　　　　一级指标得分情况　　　　　　　　　　单位：分

一级指标	权重	最高分	最低分	平均分
政策沟通度	20	18.5	0.5	9.99
设施联通度	20	17.79	1.66	5.91
贸易畅通度	20	18.6	2.32	9.72
资金融通度	20	19	0	6.64
民心相通度	20	18.45	3.64	11.30

三、分项评价结论

1. 政策沟通效果整体较好，政治互信明显增强

政策沟通是"一带一路"倡议推进的政治基础与首要条件，是国家间务

---

① 离散系数是测度数据离散程度的相对统计量，主要用于多个总体均值不等的离散程度比较。数值越大，表明该总体内部数据分布较为分散；数值越小，表明该总体内部数据分布较为集中。本报告引用这一系数旨在反映我国与"一带一路"沿线国家在政策沟通度、设施联通度、贸易畅通度、资金融通度、民心相通度方面得分分布的差异化程度。

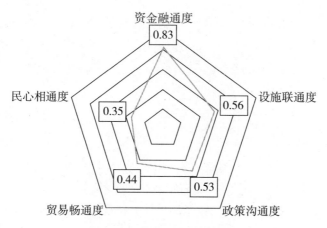

图5 一级指标的离散系数

实合作的重要保障。"一带一路"提出至今，我国利用高层互访和公共外交广泛宣传"一带一路"理念，当前已经有100多个国家和国际组织表态欢迎"一带一路"建设，与沿线30多个国家签订了共建"一带一路"的合作协议，各国间的战略对接、政策落实也逐步到位。测评结果显示，各国政策沟通度的平均分为9.99分（见表6），34个国家得分高于平均分，说明我国与沿线国家的政策沟通总体成效明显。从区域分布看，东北亚、东南亚、中亚国家总体得分相对靠前（见图6），俄罗斯、波兰、哈萨克斯坦、蒙古、白俄罗斯、巴基斯坦、柬埔寨、老挝、新加坡、捷克得分位列前十名；但我国与中东欧国家政策沟通度得分差异较大。

表6   政策沟通度指标得分情况

一级指标	二级指标	三级指标	权重	最高得分	最低得分	平均分	得分率
政策沟通度（20）	政治互信（10）	高层互访	5	5	0	2.87	55.00%
		伙伴关系	5	5	0.5	2.10	42.00%
	双边文件（10）	联合声明	3	3	0	1.92	64.00%
		双边协定	4	4	0	2.02	50.39%
		合作/谅解备忘录	3	3	0	1.08	36.00%

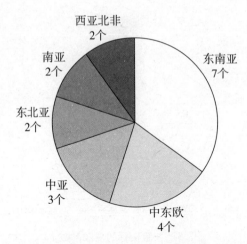

图6　政策沟通度指标得分排名前二十国家的地域分布情况

（1）高层互访频繁、伙伴关系明显提升，政治互信进一步增强

政治互信指标的平均得分为 4.97 分，近一半国家（30 个）得分高于平均分，巴基斯坦、俄罗斯、柬埔寨、老挝、缅甸分数相对较高。自"一带一路"倡议提出至今，我国与沿线国家的政治互信水平得到进一步增强。在高层互访方面，近三年来国家主席习近平先后出访了 20 多个沿线国家，50 多个沿线国家的总统、总理来华访问。在伙伴关系发展方面，目前已与绝大多数沿线国家建立了各类伙伴关系（见图 7）；近三年我国与印度尼西亚、马来西亚、蒙古等 22 个国家伙伴关系级别得到明显提升（见表 7）。

表7　　　　　近三年我国与沿线国家伙伴关系级别提升情况

序　号	国　家	当前伙伴关系级别	提升年份
1	印度尼西亚	全面战略伙伴关系	2013
2	马来西亚	全面战略伙伴关系	2013
3	吉尔吉斯斯坦	战略伙伴关系	2013
4	印度	发展伙伴关系	2014
5	东帝汶	全面合作伙伴关系	2014
6	马尔代夫	全面友好合作伙伴关系	2014
7	保加利亚	全面友好合作伙伴关系	2014
8	蒙古	全面战略伙伴关系	2014

续 表

序 号	国 家	当前伙伴关系级别	提升年份
9	埃及	全面战略伙伴关系	2014
10	卡塔尔	战略伙伴关系	2014
11	新加坡	全方位合作伙伴关系	2015
12	哈萨克斯坦	全面战略伙伴关系新阶段	2015
13	巴基斯坦	全天候战略合作伙伴关系	2015
14	亚美尼亚	友好合作关系	2015
15	约旦	战略伙伴关系	2015
16	沙特阿拉伯	全面战略伙伴关系	2016
17	伊朗	全面战略伙伴关系	2016
18	波兰	全面战略伙伴关系	2016
19	塞尔维亚	全面战略伙伴关系	2016
20	乌兹别克斯坦	全面战略伙伴关系	2016
21	伊拉克	战略伙伴关系	2016
22	捷克	战略伙伴关系	2016

数据来源：根据外交部网站整理。

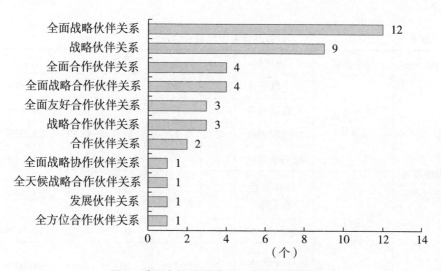

图7 我国与沿线国家建立的伙伴关系情况

数据来源：根据外交部网站整理。

（2）双多边合作文件不断增多，部分实施细则有待落实

"一带一路"倡议提出以来，我国与沿线国家在多个领域签署了双边协定、备忘录、联合声明等不同类型的双多边合作文件。其中，我国与俄罗斯、波兰、罗马尼亚、蒙古等国家签订的双边协定涉及领域比较全面；与捷克、塞尔维亚、阿塞拜疆等国签署国家层面的合作/谅解备忘录；与俄罗斯、印度、老挝等40个国家签署了联合声明。随着双多边文件的不断增多，未来在实施细则、配套措施等方面有待进一步明确，以便更好指导双多边开展"一带一路"合作。

2. 设施联通水平呈明显地域特征，通信设施互联互通相对较好

设施联通在"一带一路"建设和发展中发挥着先导性作用，是"一带一路"建设的优先领域。通过公路、铁路、港口、跨境油气管道、跨境光缆、输电线路等建设，我国与沿线国家基础设施互联互通的架构已基本形成。但也应看到，由于沿线不少国家原有基础设施状况相对落后，与我国设施联通水平并不高，需要中长期持续地进行建设。测评结果显示，各国设施联通度平均得分为5.91分，25个国家高于平均分。前15名国家中，有10个国家与我国领土接壤，反映我国与陆上邻国设施联通状况较好，其中俄罗斯、哈萨克斯坦、蒙古与我国在交通、通信、能源设施等各领域联通状况均较好（见表8）。

表8　　　　　　　　　　设施联通度指标得分情况

一级指标	二级指标	三级指标	权重	最高分	最低分	平均分	得分率
设施联通度（20）	交通设施（8）	航空联通度	2	2	0	0.75	37.50%
		公路联通度	2	2	0	0.28	14.00%
		铁路联通度	2	2	0	0.50	25.00%
		海路联通度	2	2	0.01	1.49	74.50%
	通信设施（6）	电话线路覆盖率	2	2	0	0.67	33.50%
		互联网普及率	2	2	0	1.05	52.50%
		跨境通信设施建设	2	2	0	0.56	28.00%

续　表

一级指标	二级指标	三级指标	权重	最高分	最低分	平均分	得分率
设施联通度（20）	能源设施（6）	跨境输电线路建设	3	3	0	0.38	12.67%
		跨境油气管道建设	3	3	0	0.23	7.67%

（1）交通、能源设施联通受地理位置影响较大

在交通设施方面，一半国家高于平均分，与我国地理距离较近的东北亚、中亚国家得分较高（见图8）。其中，海路联通度指标得分率最高，其次是航空联通度。在能源设施方面，我国与周边国家有8条跨境油气通道和18条跨境输电线路，其中与俄罗斯、哈萨克斯坦、蒙古、缅甸等邻国跨境能源设施合作方面发展较好。

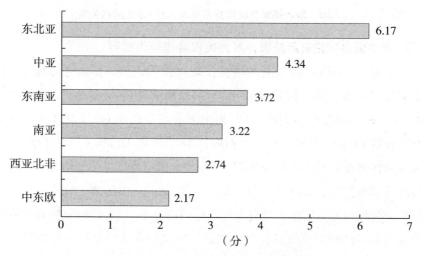

图8　各区域交通设施联通度的平均得分情况

（2）通信设施联通水平相对较高，跨境通信设施建设稳步推进

"通信设施"得分水平高于交通、能源方面，35个国家得分高于平均分。其中，新加坡、阿联酋、俄罗斯、哈萨克斯坦、马来西亚的得分最高。从分项指标看，中东欧国家电话线路普及率普遍较高；沿线国家的互联网普及率与经济发展水平的相关性较强（见图9），卡塔尔、新加坡、阿联酋等人均

GDP 较高的国家互联网普及率也较高；目前与我国有跨境通信设施联通的国家主要有巴基斯坦、老挝、俄罗斯等，跨境光缆建设正在稳步推进。

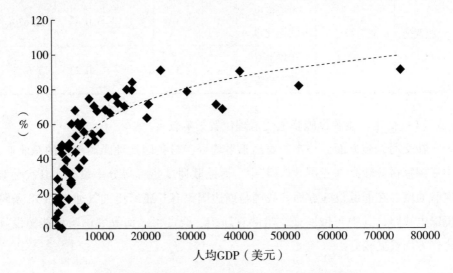

图9 沿线国家互联网普及率与人均 GDP 的相关性

3. 对外贸易增速有所放缓，对外投资合作较为顺利

三年来，"一带一路"的经贸合作取得很大进展。据商务部统计，2015年中国与"一带一路"相关国家双边贸易总额达 9955 亿美元，占全国贸易总额的 25.1%；2015 年，我国企业对相关国家直接投资 148.2 亿美元，相关国家对华投资 84.6 亿美元，同比分别增长 18.2% 和 23.8%①。测评结果显示，各国贸易畅通度的平均得分为 9.72 分，29 个国家得分高于平均分，体现我国与沿线各国的经贸合作水平总体良好，巴基斯坦、柬埔寨、越南、泰国、俄罗斯得分位列前五。其中，投资合作指标的得分率（52.42%）略高于双边贸易指标（42.75%），反映投资合作方面所取得的成绩稍好于双边贸易（见表9）。从区域分布看，东南亚和东北亚地区得分均较高且得分离散系数较小，反映这两地区各国与我国经贸合作发展良好（见图10）。

（1）受全球贸易需求低迷等影响，与沿线国家贸易增速有所放缓

双边贸易指标的平均得分为 3.42 分，29 个国家在平均分以上，越南、巴

---

① http：//paper. people. com. cn/rmrb/html/2016 – 04/08/nw. D110000renmrb_20160408_5 – 01. htm，人民网，2016 年 4 月 8 日。

基斯坦、孟加拉国、柬埔寨、埃及位列前五。各国离散系数较大，反映我国与沿线国家的双边贸易水平分布明显不均衡。由于受到全球经济复苏缓慢、贸易增长低迷等各种因素的影响，我国与沿线国家也面临经贸投资增速放缓的问题，"一带一路"沿线范围内，仅有 19 个国家的双边贸易增速为正（见图 11）。

表9　　　　　　　　　　贸易畅通度指标分数情况

一级指标	二级指标	三级指标	权重	最高分	最低分	平均分	得分率
贸易畅通度（20）	双边贸易（8）	双边贸易总额	4	4	0.8	2.43	60.75%
		双边贸易总额增速	4	4	0	1.00	25.00%
	投资合作（12）	我国对该国非金融类直接投资	3	3	0.6	1.82	60.63%
		该国对我国非金融类直接投资	3	3	0.6	1.79	59.67%
		海外工程项目合作	6	6	0	2.68	44.67%

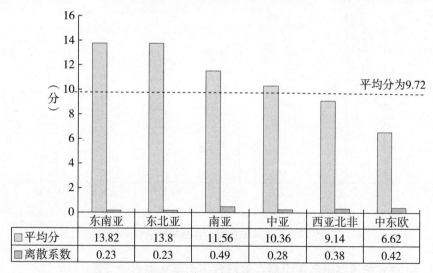

	东南亚	东北亚	南亚	中亚	西亚北非	中东欧
平均分	13.82	13.8	11.56	10.36	9.14	6.62
离散系数	0.23	0.23	0.49	0.28	0.38	0.42

图10　各区域贸易畅通度指标平均分与离散系数情况

（2）投资合作进展顺利，项目扩展势头良好

投资合作指标的平均得分为 6.29 分，反映我国与沿线国家的投资合作进展顺利。另据商务部数据显示，2015 年我国企业共对"一带一路"相关的 49

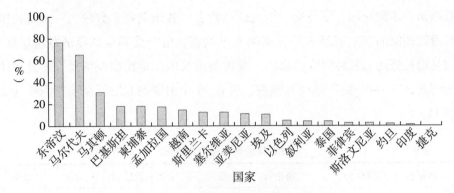

图 11 双边贸易总额增速为正的国家

个国家进行了直接投资，投资额合计 148.2 亿美元，同比增长 18.2%。其中，俄罗斯、蒙古、东南亚国家与我国的投资合作成效显著（见图 12）。海外工程项目合作总体发展势头良好，我国企业在 21 个国家的投资项目金额超过千亿元人民币。

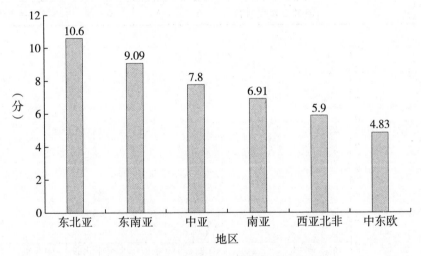

图 12 不同区域投资合作指标的平均得分

4. 资金融通水平总体不高，金融合作支撑环境有待完善

资金融通是"一带一路"的重要支撑。近年来，我国与沿线国家以亚投行、丝路基金为重点的金融合作不断深入，人民币国际化稳步推进。但鉴于沿线国家的地缘政治、国内政局、经济发展水平等因素的影响，金融合作总体水平仍然不高，相关支撑环境还有待提升和完善。测评结果显示，各国的资金融通度平均得分为 6.64 分,其中超过一半的国家(36 个)资金融通度得分低于平均分,反映资金融通水平普遍不高。资金融通度指标分数情况,如表 10 所示。

表 10　　　　　　　　**资金融通度指标分数情况**

一级指标	二级指标	三级指标	权重	最高分	最低分	平均分	得分率
资金融通度(20)	金融合作(10)	双边本币互换	5	5	0	1.48	29.60%
		亚投行参与情况	5	5	0	2.73	54.60%
	金融支撑环境(10)	人民币清算行	3	3	0	0.23	7.67%
		本币互换清算网络	4	4	0	1.36	34.00%
		我国银行海外分布	3	3	0	0.84	28.00%

(1)人民币流动性不断增强,双边投融资便利化不断提高

截至 2016 年 6 月 30 日,共有 35 个沿线国家成为亚投行成员国,19 个国家与我国签署双边本币互换协议,我国与沿线国家的人民币流动性不断增强,投融资合作不断深化。但我国与沿线各区域的金融合作水平并不均衡(见图 13),东北亚地区平均分最高(10 分),而中东欧地区平均分最低(1.58 分),亟待提升与中东欧地区的金融合作水平。

(2)沿线国家的金融支撑环境建设相对薄弱

金融支撑环境指标的得分率较低,反映我国与沿线国家对"一带一路"合作的金融支撑环境有待完善。我国与东南亚国家之间的金融支撑环境建设相对较好,而在南亚、西亚北非地区仍需着力加强(见图 14)。

目前,我国仅在卡塔尔等 5 个沿线国家建立了人民币清算行;在哈萨克斯坦等 9 个国家建立了本币互换清算网络基础设施,另与俄罗斯等 17 个国家正在建设本币互换清算网络;我国各大银行在 18 个沿线国家建立了分支银行。

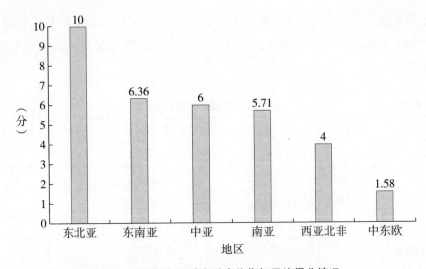

图 13 我国与各区域金融合作指标平均得分情况

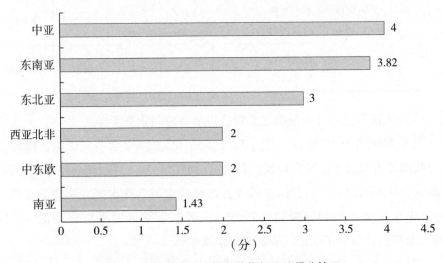

图 14 各地区金融支撑环境指标平均得分情况

5. 民心相通建设成效明显，深入沟通与针对性宣传仍需加强

民心相通是"一带一路"建设的社会基础和长久保障。三年来，我国与沿线国家通过信息沟通、文化交流、宣传互动等方式，积极推进我国与沿线国家沟通民心民意、深化理解互信，举办各类论坛、博览会、座谈会等，为"一带一路"合作提供增信释疑的途径。民心相通度指标分数情况，如表11所示。测评结果显示，各国民心相通指标平均得分为 11.30 分，高于国别合作度其他四个维度得分，东北亚、东南亚国家的得分普遍较高（见图15）；而西亚北非、中东欧国家的得分普遍较低，其中，中东欧国家的双边合作期待平均分最低，西亚北非国家在文化与人才交流平均分最低，未来我国需进一步加强与这两个区域国家的文化交流与沟通。

表11　　　　　　　　　　民心相通度指标分数情况

一级指标	二级指标	三级指标	权重	最高分	最低分	平均分	得分率
民心相通度（20）	文化与人才交流（12）	友好城市建设	3	3	0	1.38	45.96%
		文化交流	3	3	0.6	1.82	60.67%
		旅游签证便利	3	2	0	0.64	21.33%
		孔子学院/课堂建设	3	3	0	2.38	46.33%
	双边合作期待（8）	对方合作期待度	4	3.91	0.6	2.08	52.00%
		我方合作期待度	4	4	2.04	3.00	75.00%

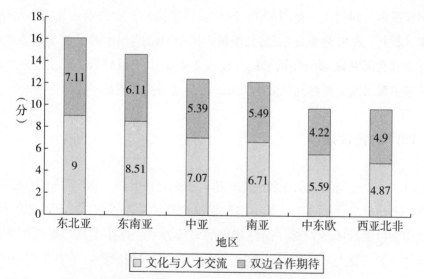

图15　各区域文化与人才交流、双边合作期待指标平均分

（1）人文交流进一步密切，旅游便利化有待加强

文化与人才交流指标的平均得分为 6.21 分，超过一半国家（33 个）在平均分以上，包括 81.82% 的东南亚国家，体现我国与沿线国家尤其是东南亚地区的文化与人才交流进展卓有成效。目前，我国已与沿线 52 个国家建立了

各种友好城市关系，在沿线 51 个国家建立了孔子学院/课堂，与沿线国家均开展了多种形式交流①；但仅与 20 个沿线国家实现了公民落地签且国家分布不均衡，主要集中在东南亚地区，旅游签证便利化需要进一步加强。

（2）各国民众对"一带一路"合作期待度总体较高，相互了解需进一步深入

双边合作期待指标②的平均得分为 5.08 分，得分率为 63.5%，双边合作期待总体较好，新加坡、俄罗斯、巴基斯坦、哈萨克斯坦、泰国得分最高。互联网大数据分析结果显示，国内外网民普遍希望在"一带一路"的框架下推进双边合作迈上新台阶。尽管双边民众期待整体较高，但也存在两方面问题：一是沿线国家对我"一带一路"合作期待度分化较为明显，需继续加强对部分国家的宣传工作。测评发现 22 个国家的关注度和正面评价占比呈现"双高"特征，但同时也有 20 个国家呈现"双低"特征（见图 16）；在我国网民对沿线国家的"一带一路"合作期待度中，关注度低但正面评价占比高的国家最多（24 个）（见图 17），而"关注度高但正面评价占比低"的国家最少（6 个，占 9.38%）。二是我国国内民众对沿线国家的了解也有待加强。测评发现我国网民对沿线国家的关注度主要集中于俄罗斯、波兰、新加坡、印度等少数国家，而对其他沿线国家的关注度则明显不足。

四、对策建议

第一，强化与沿线国家的战略对接，凝聚合作共识，切实推进规划落实，并进一步研究出台推进"一带一路"建设的具体政策措施。一要继续加强与沿线国家发展战略的对接，制订相应的对接方案，逐步凝聚沿线各国共建、共享"一带一路"的共识。二要进一步落实与沿线国家签订的有关"一带一

---

① 我们通过互联网大数据分析，全面梳理了 2013 年 9 月—2016 年 6 月中国官方和民间机构与沿线国家开展的各类文化交流活动。

② 为反映国内外公众对"一带一路"倡议的关注、评价、期待等民心、舆情情况，我们依托国家信息中心建立的"一带一路"综合数据库及国内外互联网大数据的分析处理能力，抓取了 2013 年 9 月 7 日—2016 年 6 月 30 日近三年的国内外媒体和网民对我"一带一路"关注和讨论数据，分析我国对沿线国家以及沿线国家对我的合作期待情况，合作期待指标从关注热度和正面评价占比两个方面来考察。

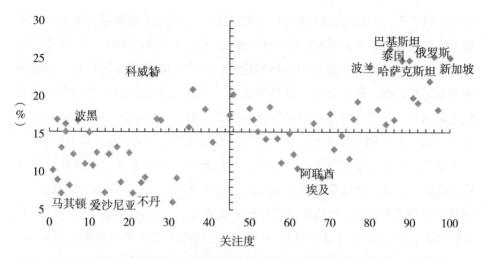

图16　沿线国家对与我国合作的关注度和正面评价对比

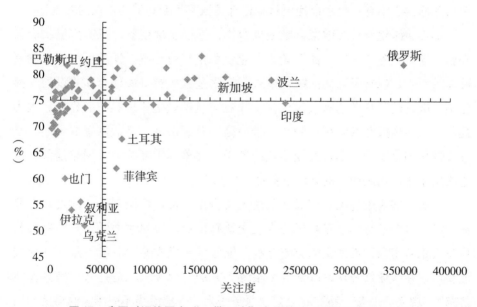

图17　我国对沿线国家"一带一路"合作的关注度和正面评价对比

路"合作的双边协议、协定等，建立常态化的工作机制和协商机制，稳步、有序、长效地推进与沿线国家的合作落到实处。三要强化政策保障，坚持需求导向和目标导向相结合，完善各项配套服务，进一步制定实施一批有针对性的政策措施。

第二，进一步加强与沿线国家的基础设施建设，着力提升与沿线国家的设施联通水平。一是与沿线国家特别是周边国家加强设施联通的规划、技术标准体系的对接，开拓基础设施合作空间，在互惠互利基础上，共同建设跨境交通设施。二是继续加强中欧班列建设，出台中欧班列发展规划，加速推进相关配套设施，提升其运行效率和效益，增强与沿线特别是中东欧国家的相互联通性。三是在信息基础设施方面加强合作，支持我国信息企业广泛参与"一带一路"沿线国家的信息化建设，提升与沿线国家的通信联通水平。

第三，加强与沿线国家的经贸合作，拓展项目合作领域，着重推进关键项目落地。一是不断优化中国与沿线国家的贸易结构，寻求新的贸易增长点，创新贸易模式和方式，提高贸易投资便利化水平。二是把经贸和投资相结合，鼓励国内企业到沿线国家投资经营，也欢迎沿线国家企业到我国投资兴业。三是结合双方优势加强投资和项目合作，拓宽双方合作领域，切实推进关键项目落地，实施好一批示范性项目，让有关国家不断有实实在在的获得感。

第四，深化与沿线国家金融领域合作，推进金融创新，打造多层次金融平台，建立服务"一带一路"建设长期、稳定、可持续、风险可控的金融保障体系。一是创新国际化的融资模式，强化金融机构对海外合作建设的支撑作用，推动丝路基金的有效运转，发挥亚洲基础设施投资银行的作用，大力提倡开发性金融和保险积极为"一带一路"建设服务，降低融资成本。二是继续强化与沿线国家本币互换协议的签署，完善本币互换清算网络建设，推进人民币国际化进程，提高跨境贸易本地结算规模。

第五，切实推进民心相通，重视人文合作，推进舆论宣传，建设一个官民并举、多方参与、着眼长远的人文交流新格局。一是大力弘扬丝路精神和中华文化软实力，推进文明交流互鉴，推出多种形式的"一带一路"文化交流项目，并继续加强在科教文卫和旅游等方面的合作。二是打造"信息丝绸之路"，建立"一带一路"综合信息服务平台，了解沿线不同国家的舆情和民众期待，增强对海外舆情的及时了解和精准研判。三是注重"一带一路"合作的国内外宣传，根据不同国别情况采取具有针对性更强、融通性更好、亲和力更高的信息传播策略及方式方法，提供更加精准、有效的信息，向外界准确解读"一带一路"的内涵和意义。

（国家信息中心信息化研究部　于施洋　杨道玲　王璟璇　傅　娟）

"一带一路"省市参与度指数体系建设研究

自 2013 年 10 月 "一带一路" 重大倡议提出以来，经过近三年的发展，"一带一路" 建设在政策沟通、设施联通、贸易畅通、资金融通、民心相通等方面都取得了丰硕成果。各级地方政府也牢牢把握 "一带一路" 战略所带来的重大机遇，充分发挥自身的区位优势和比较优势，积极做好战略对接，为地方经济社会发展谋求更大发展空间。为全面评估 "一带一路" 建设的成效，国家信息中心 "一带一路" 大数据中心组建专项课题组，经过一年多的深入研究，提出一套测评 "一带一路" 发展成效的综合评价体系，面向国内各省、自治区、直辖市，构建了省市参与度评价指标体系，并充分应用大数据分析手段，对 31 个省区市的 "一带一路" 建设情况进行了全面测评。

一、指数说明

（一）指标体系

"一带一路" 倡议提出以来，各省市充分发挥自身的区位优势和比较优势，积极做好战略对接，参与 "一带一路" 建设。为进一步了解各省市参与 "一带一路" 建设的现状和潜力，我们按照 "基础—行动—效果" 三层次构建评价模型（见图 1），基于政策环境、设施配套、经贸合作、人文交流、综合影响五个维度，构建了 "一带一路" 省市参与度指标体系，由 5 个一级指标、14 个二级指标、20 个三级指标组成（具体指标内容见图 2）。对我国大陆 31 个省市 "一带一路" 参与度水平进行了评价，旨在充分鼓励各省市抓住新机遇，积极参与 "一带一路" 建设。

结合《愿景与行动》中对各省参与 "一带一路" 战略的重点工作部署，5 个一级指标的权重分别按照 20、20、32、16、12 进行分配（见表 1）。其中，政策环境从是否建立 "一带一路" 管理体制、是否编制配套政策文件、

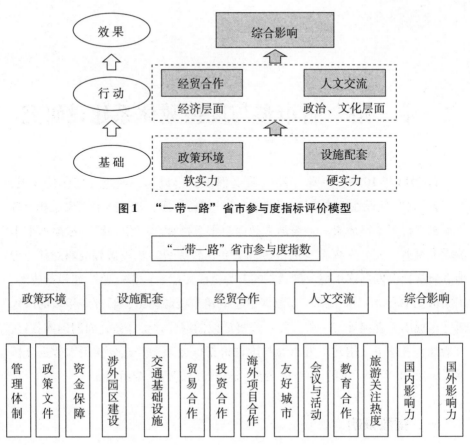

图1 "一带一路"省市参与度指标评价模型

图2 "一带一路"省市参与度指标体系框架

是否有专项资金保障三个方面评估各省市为参与"一带一路"战略所搭建的政策环境保障;设施配套从涉外园区建设和交通基础设施互联互通两个方面,考察各省市为促进本地区经济对外开放和人文交流互动所搭建的硬件设施;经贸合作从贸易、投资、工程项目承建评估各市在参与"一带一路"贸易畅通方面的有关进展与成绩,为客观反映情况、激励发展,贸易、投资、工程项目领域的评价均既考察现有存量,又考察增量,既反映当前状况又体现未来潜力;人文交流主要从友好城市数量、旅游关注热度、教育合作、举办会议与活动四个方面反映各省与"一带一路"沿线国家人文交流情况;综合影响主要利用互联网大数据分析技术,从国内影响力和国外影响力两个方面,考察各省市在参与实施"一带一路"战略过程中,国内网民和国外网民的关注度和正面评价占比情况。具体指标内容、指标说明及权重分配如表1所示。

表1 "一带一路"省市参与度指标体系

一级指标	二级指标	三级指标	指标说明	权重
政策环境（20）	管理体制（4）	—	考察该省/自治区/直辖市（以下简称各省）是否建立推进"一带一路"建设工作领导小组及领导小组办公室，反映各省从管理体制上对参与"一带一路"战略的重视程度	4
	政策文件（12）	战略对接	考察各省是否编制了"一带一路"战略的对接实施方案，反映各省是否有专项的工作指导方案	4
		规划计划	考察各省"十三五"规划中对"一带一路"战略实施的部署情况，反映各省"一带一路"战略实施在本地区"十三五"规划中的重要地位	4
		合作协议	考察各省是否与国家发展改革委签署了产能合作方面的协议；是否与海外国家或城市签署了"一带一路"或产能合作方面的协议，反映各省对外合作的政策保障力度	4
	资金保障（4）	—	考察各省是否建立"一带一路"专项资金或基金，反映各省的资金保障力度	4
设施配套（20）	涉外园区建设（6）	—	考察各省建立的涉外经贸、物流、生产制造类园区数量，反映各省为积极调动本地区资源，深化对外开放所做的配套保障	6
	交通基础设施（14）	航空	考察上一年度各省国际航班的旅客运输量和货邮运输量，反映各省对外的航空联通水平	4
		铁路	考察各省是否有通往国外的货运/客运铁路，反映各省对外的铁路联通水平	4
		港口	考察上一年度各省港口（主要是沿海省份的海港）外贸货物吞吐量情况，反映各省对外的海路联通水平	3
		公路	考察各省（主要是沿边省份）是否有出境公路，反映各省对外的公路联通水平	3

一级指标	二级指标	三级指标	指标说明	权重
经贸合作 （32）	贸易合作 （12）	对外贸易额占比	考察2015年各省对外贸易额占本省GDP的比重，反映该省的经济外向度	4
		双边贸易总额增速	考察2015年各省对外贸易额与上年相比的增速，反映该省对外贸易增长变化情况	4
		净出口对GDP增长贡献率	考察2015年各省净出口对全省GDP增长的贡献程度，反映外贸发展对当地经济增长的贡献	4
	投资合作 （12）	人均实际利用外资额	考察2015年各省全年人均实际利用外资的额度，反映各省对外资的吸引力	3
		实际利用外资额增速	考察2015年各省实际利用外资额与上年相比的增长情况，反映利用外资的增长潜力	3
		对外直接投资额	考察2015年对外直接投资的总金额，反映对外投资总体水平	3
		对外直接投资增速	考察2015年各省吸引外资额较上一年增长变化情况，反映当地经济海外拓展能力	3
	海外工程项目（8）	在建海外工程项目	考察各省企业正在承建的海外重大工程项目资金量级和项目数量，反映当前各省"一带一路"海外项目合作水平	6
		拟建海外工程项目	考察各省企业未来两年拟建设的海外重大工程项目资金量级和项目数量，反映各省"一带一路"海外项目拓展潜力	2
人文交流 （16）	友好城市建设（4）	—	考察各省与海外建立的友好城市数量，反映我国各省的城市对外开放活力及对海外文化交流的重视	4
	旅游关注度（4）	—	基于互联网大数据分析技术，考察海外网民对各省旅游信息的搜索热度，反映各省在旅游交流中的海外知晓度及影响力	4
	教育合作（4）	—	考察各省高等院校（院校地理位置落在各省的）在海外联合办学或设立分校情况，反映各省与海外开展人才培养与教育合作的水平	4
	会议与活动（4）	—	考察由本省发起或在该省定期召开的相关国际博览会、艺术节、研讨会的数量，反映各省"一带一路"相关文化交流水平	4

一级指标	二级指标	三级指标	指标说明	权重
综合影响 （12）	国内影响力 （6）	国内网民关注度	基于互联网大数据分析技术，考察国内网民对该省"一带一路"有关工作的关注情况，反映该省"一带一路"工作在国内网民中的影响力	3
		国内网民满意度	基于互联网大数据分析技术，考察国内网民对该省"一带一路"有关工作的正面评价占比，反映国内网民对该省"一带一路"工作的认可程度	3
	国外影响力 （6）	国外网民关注度	基于互联网大数据分析技术，考察海外网民对该省"一带一路"有关工作的关注情况，反映该省"一带一路"工作在国外网民中的影响力	3
		国外网民满意度	基于互联网大数据分析技术，考察海外网民对该省"一带一路"有关工作的正面评价占比，反映国外网民对该省"一带一路"工作的认可程度	3

（二）评价范围

省市参与度评价的参评对象是中国大陆 31 个省（含自治区、直辖市）。具体包括：北京、天津、河北、山西、内蒙古、辽宁、吉林、黑龙江、上海、江苏、浙江、安徽、福建、江西、山东、河南、湖北、湖南、广东、广西、海南、重庆、四川、贵州、云南、西藏、陕西、甘肃、青海、宁夏、新疆。

（三）数据来源

"一带一路"省市参与度指数的数据主要有以下三种来源：一是国内官方统计数据。包括国家统计局、商务部、外交部、民航局等国内政府部门官方出版的统计年鉴、对外投资公报等。二是调研填报数据。课题组向国内参评省市发放了《2015—2016 年各地方推进"一带一路"建设有关情况调查表》，同时通过网上调查对有关填报数据进行核实比对。三是互联网数据。该类数据由国家发改委互联网大数据分析中心提供。

二、总体评价结论

按照"一带一路"省市参与度指数的测评结果，我们将各省、自治区、直辖市对"一带一路"战略的参与程度划分为四个级别："高"（75～100分，含75分）、"较高"（60～75分，含60分）、"中"（40～60分，含40分）、"低"（40分以下），如图3所示。"高"是指该省/自治区/直辖市依托于自身较好的经济、社会基础，积极参与国家"一带一路"建设，在政策环境、设施配套、经贸合作、人文交流方面工作进展成效显著，海内外形成较好的影响力。"较高"是指该省/自治区/直辖市重视"一带一路"建设，并积极发挥自身优势进行布局，但在政策环境、设施配套、经贸合作、人文交流、综合影响方面还存在部分短板。"中"是指该省/自治区/直辖市在"一带一路"建设中成效尚不显著，在政策环境、设施配套、经贸合作、人文交流、综合影响方面还有较多提升空间。"低"是指该省/自治区/直辖市受限于经济基础、区位优势及其他因素，在政策环境、设施配套、经贸合作、人文交流、综合影响方面成效较低，有待尽快加强。

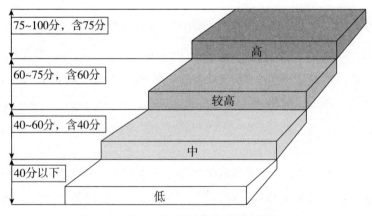

图3 "一带一路"省市参与度结果类型划分

测评结果显示，"一带一路"省市参与度指数平均得分为59.60分。其中，处于"高"水平的省市有5个（占16.13%），分别是广东、浙江、上海、天津、福建（见表2）；处于"较高"水平的省市有12个（占38.71%）；处于"中"水平的省市有9个（占29.03%）；处于"低"水平的省市有5个（占16.13%）。

表2   "一带一路"省市参与度得分前10名的省/自治区/直辖市

排名	省市	总分	排名	省市	总分
1	广东	85.61	6	江苏	74.62
2	浙江	77.16	7	山东	73.30
3	上海	77.16	8	河南	69.19
4	天津	76.92	9	云南	68.90
5	福建	75.08	10	北京	68.25

总体来看，各省市参与度水平存在较大差距。参与度水平最高的广东省得分为85.61分，最低的省市得分仅为26.54分，前者是后者的3.2倍。为进一步反映彼此间差距，我们引入了相对差距指数①的概念，在本次测评中，31个省市参与度的最大相对差距指数为0.69（即得分最低省市比最高省市落后69%），表明各省市参与度水平之间存在较大的差距。

东部沿海地区②的省市参与情况最好，西部省市有待加强。从区域来看，东部沿海地区省市参与度水平最高，平均得分为71.07分（见图4），广东省位居第一，得分为85.61分。另外，得分处于"高"水平的五个省市均来自东部沿海地区（见图5）。西北地区和西南地区参与度水平相对较低，区域内得分最高的省份分别为陕西和云南。除东北地区外，其余四个区域内省市参与度水平差距均较大，其中，西南地区最明显，最大差距指数为0.615。

---

①　相对差距指数=1-（最低水平/最高水平），用来表示最低水平与最高水平的相对差距程度，指数介于0~1，数值越大，表明差距越大，旨在反映二者之间的差距程度。

②　为便于比较分析，我们将测评的31个省市划分为五大区域，分别为，东部沿海地区：北京、河北、天津、山东、上海、江苏、浙江、广东、福建、海南；中部地区：河南、湖北、湖南、江西、安徽、山西；东北地区：黑龙江、吉林、辽宁；西北地区：新疆、陕西、甘肃、宁夏、青海、内蒙古；西南地区：广西、云南、西藏、贵州、重庆、四川。

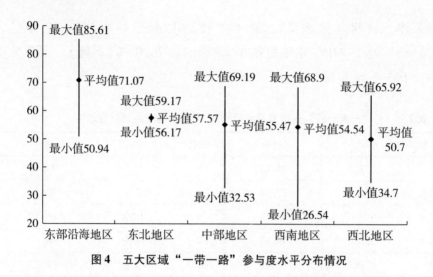

图4　五大区域"一带一路"参与度水平分布情况

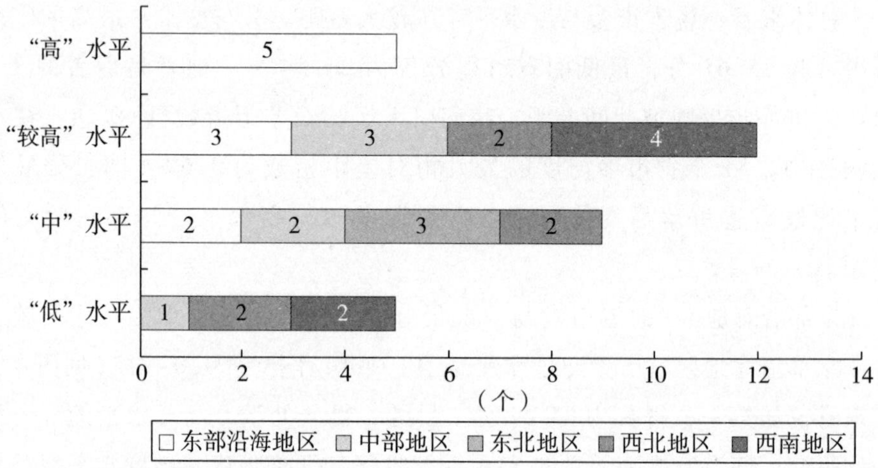

"高"水平　5

"较高"水平　3　3　2　4

"中"水平　2　2　3　2

"低"水平　1　2　2

（个）

□东部沿海地区　▨中部地区　▨东北地区　▨西北地区　■西南地区

图5　各区域不同参与度水平的省市数量

从五个一级测评维度来看，"一带一路"省市参与度的"政策环境"维度得分率最高（71.15%）（见表3），其次是"综合影响""人文交流""设施配套"，"经贸合作"维度得分率最低（48.47%）。从具体区域来看，东部沿海地区在五方面的表现均最好（见图6）；东北地区的综合影响力亟待进一步提升；西北地区在设施配套、经贸合作和人文交流三个方面表现最弱。

表3　　　　　　　　　　"一带一路"参与度一级指标得分情况

一级指标	权重	最高得分	最低得分	平均分	得分率
政策环境	20	20	5.28	14.23	71.15%
设施配套	20	20	1.02	11.74	58.70%
经贸合作	32	25.51	4.87	15.51	48.47%
人文交流	16	16	2.47	10.22	63.88%
综合影响	12	11.85	4.79	7.89	65.75%

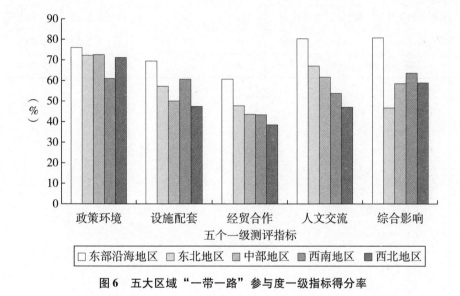

图6　五大区域"一带一路"参与度一级指标得分率

三、分项评价结论

我们进一步从政策环境、设施配套、经贸合作、人文交流、综合影响五个测评维度对31个省市"一带一路"参与情况进行分析，结论如下：

（一）各地"一带一路"政策环境不断优化

为进一步推进"一带一路"建设，31个省市均先后出台了推进"一带一路"建设的实施方案，部分省市还陆续出台海关、税务、质检等细化措施以及科技合作、教育文化、空间信息走廊建设等方面的专项规划和政策性文件。测评结果显示，各省市政策环境指标的平均得分为14.23分

（满分为20分），13个省市得分高于平均分，甘肃、江苏、福建、广东、江西位列前五。从区域来看，东部沿海地区"政策环境"维度得分较高（见表4、图7）。

表4　　　　　　　　政策环境指标得分情况

一级指标	二级指标	三级指标	权重	最高分	最低分	平均	得分率
政策环境（20）	管理体制（4）	—	4	4	0	3.87	96.75%
	政策文件（12）	战略对接	4	4	4	4	100.00%
		规划计划	4	4	0.43	2.62	65.50%
		合作协议	4	4	0	2.32	58.00%
	资金保障（4）	—	4	4	0	1.42	35.50%

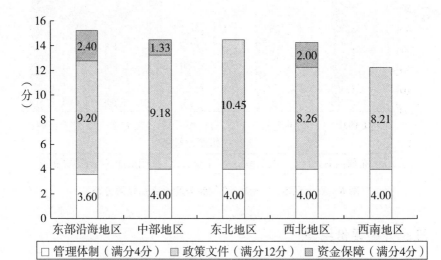

图7　五大区域政策环境二级指标得分及分布情况

1. 管理体制基本健全

各地管理体制基本健全，指标得分率最高（96.75%），目前有30个省市已经建立了"一带一路"建设工作领导小组。绝大多数省市将领导小组办公室设在各省市发展改革委，领导小组组长由该省（直辖市、自治区）委书记、省（直辖市）长、自治区政府主席等担任，表明各省市对参与"一带一路"建设非常重视。

2. 政策文件陆续出台

各省市政策文件指标的平均得分为 8.94 分（满分为 12 分），20 个省市得分高于平均分，吉林、甘肃、浙江、江苏、河南的得分最高（见图 8）。其中，31 个省市均出台了"一带一路"战略对接方案，新疆、宁夏、黑龙江、云南、吉林在该省的十三五规划中对参与"一带一路"建设的规划力度最大，20 个省市同国家发展改革委签署了《推进国际产能和装备制造合作协议》，16 个省市与国外相关州市签署了"一带一路"或产能合作方面的相关协议。

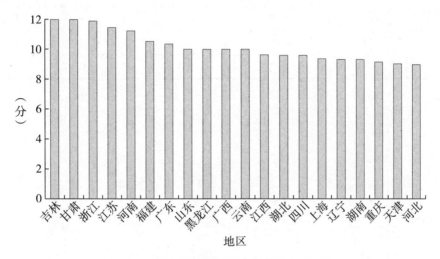

图 8 政策文件指标得分排名前二十的省市

3. 资金保障力度逐步加强

江苏、江西、福建、天津等 10 个省市得分最高，这些省市均设立了"一带一路"相关专项资金，其中江苏设立的专项资金支持范围最广，涵盖境外并购、沿海开发、沿海物流等多个领域。

（二）设施配套建设加快，综合效益有待提升

基础设施互联互通是"一带一路"建设的优先领域，各省市根据自身定位及发展重点，扎实推进铁路、公路、国际陆港、航运中心等配套设施，积极布局境外经贸合作区，促进经贸合作便利化。测评结果显示，各省市设施配套指标平均得分为 11.74 分（满分 20 分），14 个省市得分高于平均分，广东、山东、广西、云南、福建位列前五。从区域来看，东部沿海地区设施配套最好（见表5、图9），平均得分为13.92分；西北地区较弱，平均得分为9.5分；东北地区的交通基础设施相对较好，而涉外园区建设有待加强。

表5　　　　　　　　　　　设施配套指标得分情况

一级指标	二级指标	三级指标	权重	最高分	最低分	平均分	得分率
设施配套（20）	涉外园区建设（6）	—	6	6	0	4.17	69.50%
	交通基础设施（14）	航空	4	4	0	2.32	58.00%
		铁路	4	4	0	3.48	87.00%
		港口	3	3	0	0.90	30.00%
		公路	3	3	0	0.87	29.00%

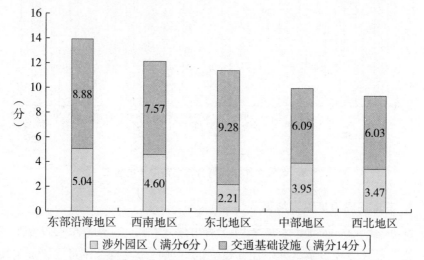

图9　五大区域设施配套二级指标得分情况

1. 近三年境外园区建设开始增多

各省市涉外园区建设指标的平均得分为4.17分（满分为6分），16个省市得分高于平均分，江苏、广东、新疆、山东、浙江位列前五。近三年，各省市积极布局海外园区，建立境外经贸合作区、产业园、工业园等园区。如江西省2016年推进建设的马来西亚经济贸易合作园、赞比亚经济贸易合作园、埃塞俄比亚经济贸易合作园等。

2. 铁路和航空联通水平较高

各省市"交通基础设施"指标的平均得分为 7.58 分（满分为 14 分），广东、天津、山东、广西、辽宁位列前五。"铁路"指标的得分率最高，达 87%，其次是"航空"指标。在"铁路"方面，通往沿线国家的中欧、中亚班列等跨境客、货运铁路涉及 27 个省市。在航空方面，上海、北京、广东的旅客运输量和货邮运输量均排在前三名（见图 10、图 11），13 个省市的航空货邮运输量均高于 1 万吨，其中上海高达 117 万吨。在港口方面，山东、浙江、广东、上海、江苏等东部沿海地区的港口吞吐量最大。在公路方面，云南、甘肃、吉林、黑龙江等省市与周边陆上邻国有直接的公路连接。

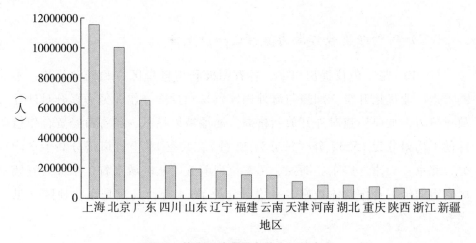

图 10　旅客运输量排名前十五的省市

3. 配套设施建设及利用率有待提高

在"铁路"指标中，中欧班列作为亚欧之间的陆路物流通道，海外影响力持续提升。但鉴于中欧班列目前仍处于发展初期，还存在沿线交通基础设施和配套服务支撑能力不足、通关便利化有待提升、供需对接不充分、综合运输成本偏高等问题。截至 2016 年 6 月底，中欧班列已累计开行 1881 列，其中回程班列达 502 列①，仅占开行班列总数的 27%。

①　http：//news.163.com/16/0729/17/BT5JHDIU00014AEE.html.

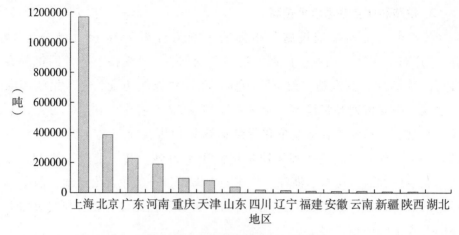

图11 货邮运输量排名前十五的省市

（三）对外经贸合作潜力有待进一步发挥

"一带一路"倡议提出以来，各省积极利用自身区位和资源优势，不断推进产业优化升级，加强与海外国家贸易和投资合作，努力提升对外开放竞争力，加快构建对外开放新格局。测评结果显示，各省市经贸合作指标的平均得分为15.52分（满分为32分），共有15个省市得分高于平均分，北京、天津、广东、浙江、山东位列前五。从区域来看，东部沿海地区省市的经贸合作整体较好，平均得分为19.4分，其次是东北地区（见表6、图12）。

表6　　　　　　　　经贸合作三级指标得分情况

一级指标	二级指标	三级指标	权重	最高分	最低分	平均分	得分率
经贸合作 （32）	贸易合作 （12）	对外贸易额占比	4	3.26	0.16	0.8	20.00%
		对外贸易额增速	4	4	0	1	25.00%
		净出口增长对GDP增长贡献率	4	4	0	0.95	23.75%

续　表

一级指标	二级指标	三级指标	权重	最高分	最低分	平均分	得分率
经贸合作（32）	投资合作（12）	人均实际利用外资额	3	3	0.5	1.71	57.00%
		实际利用外资额增速	3	3	0	2.18	72.67%
		对外直接投资额	3	3	0.5	1.71	57.00%
		对外直接投资增速	3	3	0.29	2.74	91.33%
	海外工程项目合作（8）	在建海外工程项目	6	6	0	3.27	54.50%
		拟建海外工程项目	2	2	0	1.16	58.00%

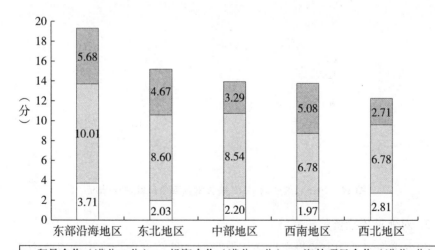

图 12　五大区域经贸合作二级指标得分情况

1. 多数省市对外贸易增速放缓

各省市贸易合作指标的平均得分为 2.75 分（满分为 12 分），天津、北京、青海、广东、广西位列前五。受全球贸易下滑影响，24 个省市对外贸易

— 81 —

增速呈现负增长，仅有广西的对外贸易增速最高（44.22%）（见图13），近一半省市净出口增长对 GDP 增长呈现负贡献率（见图14）。

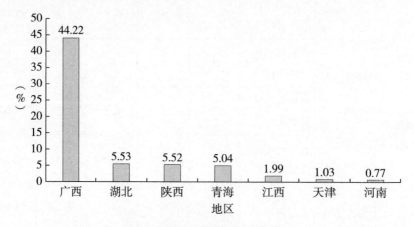

图 13 对外贸易增速为正的省市

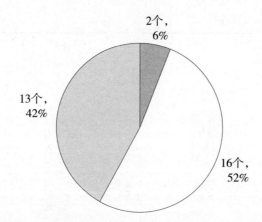

图 14 净出口增长对 GDP 增长贡献率各区间占比情况

2. 对外直接投资势头良好

各省市与海外国家的投资合作情况最好，投资合作指标平均得分为 8.34 分（满分为 12 分），北京、天津、浙江、山东、湖南位列前五。各省市对外直接投资势头良好，81.7% 的省市对外直接投资额高于 10 亿美元，77.42% 的省市对外直接投资增速高于 20%；对外投资的力度大于吸引外资，绝大多数省市的对外直接投资增速显著高于实际利用外资额增速（见图15）。

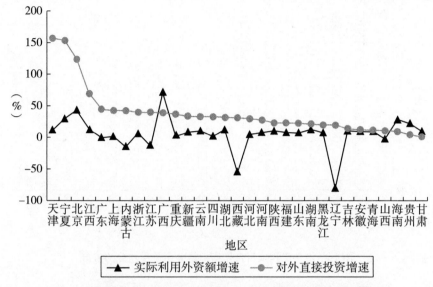

图 15　各省市实际利用外资额增速和对外直接投资增速对比情况

3. 各地积极参与海外项目建设

各省市海外工程项目合作指标的平均得分为 4.43 分（满分为 8 分），在得分排名前十的省市中，山东、云南企业承建的海外在建和拟建项目数量和金额均较多，西部地区的云南、四川和新疆参与海外项目合作的积极性也很高（见图 16）。各地参与未来海外项目建设相对积极，2017—2018 年拟建项目金额占总金额的 68.96%，数量占 61.79%。

（四）"一带一路"人文交流各具特色

人文交流是"一带一路"建设的重要根基。各省市积极传承和弘扬丝绸之路友好合作精神，互结友好城市、扩大旅游规模、实现教育国际化，为深化双多边合作奠定坚实的民意基础。测评结果显示，各省市人文交流指标的平均得分为 10.22 分（满分为 16 分），共有 16 个省市的得分高于平均分，上海、北京、浙江、广东、河南位列前五。从区域来看，东部沿海地区省市的海外人文交流程度最高，其次是东北地区和中部地区（见表 7、图 17）。

1. 东部沿海地区海外缔结友好城市关系成效显著

友好城市建设指标平均分为 3.07 分（满分为 4 分），19 个省市得分高于平均水平，其中 8 个省市来自东部沿海地区。东部沿海地区利用开放程度高，

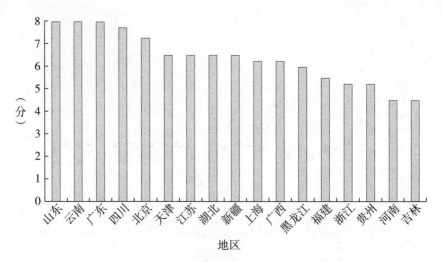

图16 海外工程项目合作指标得分高于平均分的省市

辐射带动作用大的优势，缔结友好城市关系成效显著，平均数为110个（见图18）；相比之下，西北、西南地区缔结友好城市数量最少，区域内各省可借助自身资源、文化和旅游优势，加强宣传力度，与具有共性和互补性的外国城市缔结友好关系。

表7   人文交流二级指标得分情况

一级指标	二级指标	权重	最高分	最低分	平均分	得分率
人文交流 （16）	友好城市建设（4）	4	4	0.37	3.07	76.75%
	会议与活动（4）	4	4	0.67	2.85	71.25%
	教育合作（4）	4	4	0	2.33	58.25%
	旅游关注度（4）	4	4	0.2	1.97	49.25%

2. "一带一路"宣传与海外互动势头良好

从总体看，各省市会议与活动指标的平均得分为2.85分（满分为4分），有18个省市得分高于平均分。通过互联网全网数据分析来看，在会议数量排名前十的省市中，有7个省市来自西南和西北地区，新疆举办的各类会议和交流活动数量位列第一，其次为北京、陕西、四川、甘肃。

3. 海外教育人才合作呈现明显区域差异特征

教育合作指标的平均分为2.33分（满分为4分），东北地区、东部沿海

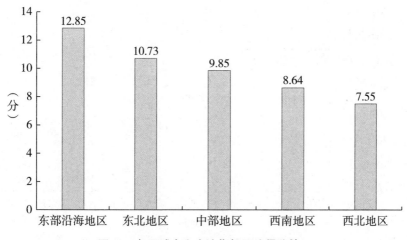

图 17　各区域人文交流指标平均得分情况

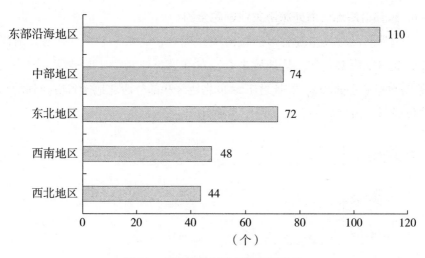

图 18　各区域友好城市数量平均值

地区、中部地区的平均分高于 2.33 分。截至 2016 年 6 月 30 日，各省市在海外联合办学共 1023 所，平均每个省市与海外合作办学 33 所，共有 11 个省市合作办学数量高于平均数（见图 19），其中有 6 个省市来自东部沿海地区；东北地区三个省份的联合办学数量均在平均数以上，表明整体与海外合作办学效果最好；位于中部地区的河南和湖北也积极深化教育人才交流合作。相比之下，西北和西南地区有待进一步加强与海外的教育合作。

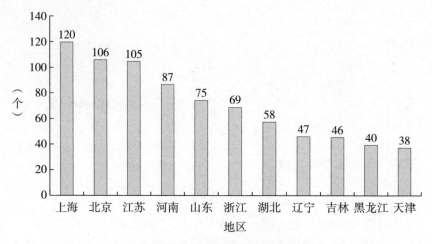

图 19 联合办学数量高于平均数的省市

4. 东部沿海地区海外旅游关注领跑全国

从国外网民对我国各省市的旅游关注度看，北京、上海、海南、浙江和广东最受国外旅游关注。从地域来看，东部沿海地区关注度最高，平均关注热度①为 69（见图 20）；相比之下，东北地区和部分西北地区省市受到的海外关注度较低，海外影响力有待进一步提升。

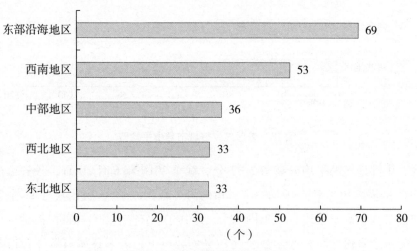

图 20 各区域旅游关注平均热度

---

① 关注热度是指以媒体发文量、转载量、网民发帖量、转发量、评论量等数据为基础，旨在反映监测期间海外国家互联网对各省市旅游关注度变化的综合性指数，最高值为 100，最低值为 0。

（五）各地参与"一带一路"建设的综合影响力开始显现

自"一带一路"倡议提出，各省充分发挥自身比较优势、抓住开放新机遇，在政治、经济、文化等综合因素方面全面对接"一带一路"，提升国内外的综合影响力，打造更加积极主动的开放格局。测评结果显示，各省市综合影响指标①的平均得分为 7.89 分（满分为 12 分），接近一半省市的国内外综合影响力高于平均水平，上海、广东、北京、福建、浙江的得分最高。从区域来看，东部沿海地区综合影响力领先其他区域，其国内影响力和国外影响力均处于最高水平（见表 8、图 21）。

表 8　　　　　　　　　　综合影响三级指标得分情况

一级指标	二级指标	三级指标	权重	最高得分	最低得分	平均得分	得分率
综合影响（12）	国内影响力（6）	国内网民关注度	3	3	0.5	1.71	57.00%
		国内网民满意度	3	3	2.46	2.80	93.33%
	国外影响力（6）	国外网民关注度	3	3	0.24	1.64	54.67%
		国外网民满意度	3	3	0.57	1.74	58.00%

1. 国内影响力凸显，两个核心区最受关注

从国内媒体和网民对我国 31 个省市的关注度和满意度来看，各省市"国内影响力"指标的平均得分为 4.51 分（满分为 6 分），15 个省市得分高于平均分，新疆、福建、广东、上海、北京位列前五（见图 22）。新疆和福建作为"一带一路"战略的海陆核心区，充分发挥其独特的区位优势，积极深化与周边国家和地区的交流合作，得到国内媒体和网民的高度支持。在关注度方面，北京、上海、天津、重庆和江苏排名前五；在满意度方面，各省市参与"一带一路"建设的正面评价总体较好（见图 23），宁夏、贵州、新疆、青海和甘肃位列前五，其中对宁夏的正面评价最好，其在融入"一带一路"

---

① 为进一步了解各省市参与"一带一路"建设所产生的"口碑"及影响力，我们依托国家信息中心"一带一路"综合数据库，借助互联网大数据的分析处理技术，抓取了从 2013 年 9 月 7 日"一带一路"倡议提出以来到 2016 年 6 月 30 日，近三年来国内、国外网民对中国大陆 31 个省市的互联网关注及评价情况，反映各省市参与"一带一路"建设在国内和国外的影响力。

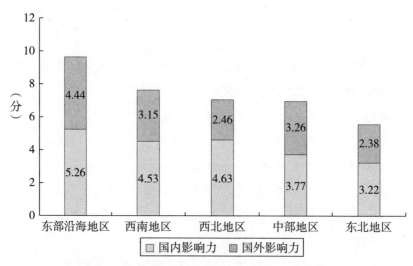

图21　各区域国内影响力和国外影响力得分情况

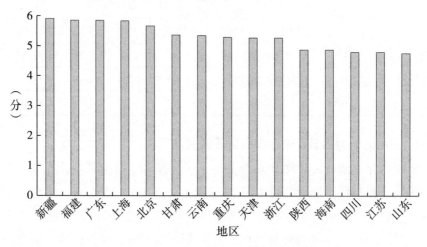

图22　国内影响力得分排名前十五的省市情况

过程中以阿拉伯国家作为开放重点，开展多项文化经贸交流活动。

2. 东部沿海地区国外影响力普遍较好

在国外影响力得分排名前十五的省市中，有 8 个来自东部沿海地区，上海依托沿海港口、国际枢纽机场的优势，其国外影响力位列第一（见图24），其次为河南，充分借助郑欧国际物流大通道的优势，并举办较多的国际论坛、洽谈会和省情推介会，引起较高的关注。宁夏、内蒙古、西藏的国内影响力虽较高，但由于缺乏对外宣传，海外人文交流水平较低，国外关注度和满意

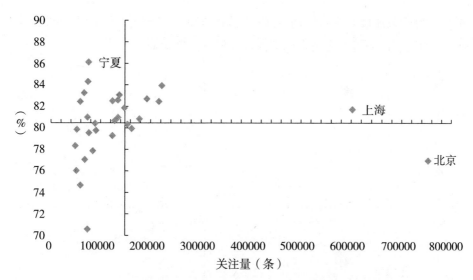

图23 国内媒体和网民对各省市关注度和满意度对比情况

度均较低。另外，新疆举办的"一带一路"会议与海外交流活动数量最多，但其海外影响力（排名第15）显著低于国内影响力（排名第1），海外人文交流成果作用并未得到充分发挥。

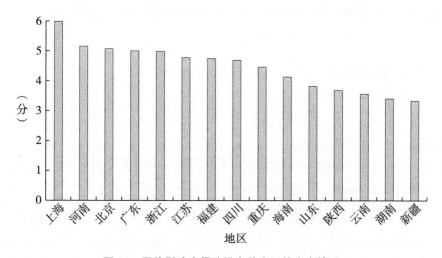

图24 国外影响力得分排名前十五的省市情况

从具体指标看，国外媒体和网民对我国31个省市的关注度和满意度"双低"（12个省市）和"双高"（9个省市）特征表现最为明显（见图25）。其中，上海的关注度和满意度均最高；"关注度低但满意度高"的省市最少（4个），湖南、江西等6个省市的关注度高但满意度相对较低。

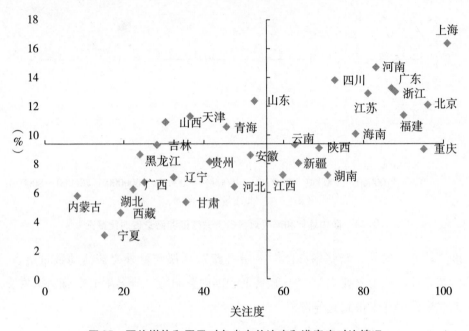

图25　国外媒体和网民对各省市关注度和满意度对比情况

四、对策建议

第一，进一步健全政策引导机制，继续完善参与"一带一路"建设的政策文件，提供针对性强的专项资金，为企业"走出去"提供资金保障。一是根据自身特点有针对性地出台侧重点不同的参与"一带一路"建设的政策文件，进一步健全政策引导机制，为企业提供必要的政策保障。二是着力构建对外开放新格局的窗口和平台，建立健全重点工程、重大项目和重要事项审批"绿色通道"，努力为企业提供高效、便利、畅通的服务，推进各项工作由顶层设计转向具体实施落地。三是建立和完善"一带一路"专项资金，支持不同类型的项目投资与合作，为企业"走出去"提供多形式多渠道金融服务，解决"走出去"企业融资贵、融资难的问题。

第二，根据自身特点和优势不断完善相关交通基础设施建设，并积极对接布局海外园区，不断完善参与"一带一路"建设的设施配套服务。一方面，各省市可根据自身的特点和区位优势，完善不同类型的交通基础设施建设，例如与"一带一路"沿线国家接壤的省市可积极推动周边铁路和公路口岸基础设施建设，畅通铁路和公路客、货运通道；沿海省市可加强沿海城市港口建设，积极拓展港口功能，充分发挥港口运输优势；而内陆省市可以建设航空港、国际陆港，加强内陆口岸与沿海、沿边口岸通关合作等。另一方面，加强与"一带一路"沿线国家的交流沟通，就布局相关经贸合作区等平台建设进行积极对接，实现与沿线国家的优势互补和资源共享，并不断完善境外经贸合作区的设施配套服务和保障机制，深化"走出去"企业与沿线国家的经贸合作。

第三，明确自身优势，加强对相关重点国家的经贸和产能合作，面向重点国家推出重点项目，进一步发挥对外经贸合作的潜力。一是明确本省市参与"一带一路"建设的定位、经贸合作的优势和特点，并加强对沿线国家经贸合作状况的了解，注意选择重点地区、重点市场进行对接与合作，同时与中国其他省区协同配合，推进深度融合。二是根据自身产能优势，汇总企业、金融机构、行业协会等各渠道的项目信息，建立国际产能合作的动态项目库，推进重点领域的国际产能和装备制造海外合作。

第四，加强与"一带一路"沿线国家的民心相通，广泛开展人文交流，提升文化软实力及海外影响力。一是依托现有教育资源优势，与沿线国家开展多层次、多领域的教育交流与合作；加大对跨境教育合作的投入力度，增加沿线国家留学生和访问学者的名额等，推动深度人文交流。二是加强旅游合作，可与重点沿线国家联合打造具有丝绸之路特色的国际精品旅游线路和旅游产品，加强相互的关注和了解。三是结合本省文化特点和特色，借助文化传媒、旅游等形式进行对外推广，不断推动本地文化"走出去"，吸引沿线国家民众的关注，提升文化软实力。四是依托大数据技术，了解沿线国家民众对本省的关注和评价情况，根据不同国家具体情况，有针对性地对外宣传，不断扩大海外影响力。

（国家信息中心信息化研究部　于施洋　杨道玲　王璟璇　傅　娟）

中国石油和化学工业景气指数编制方案

一、中国石油和化学工业景气指数编制概述

（一）指数概述

作为国家工业体系支撑行业之一的石油和化工行业，指数体系的建立与发布极其重要。我国于 2013 年建立了"中国化学工业景气指数"，对化工行业的行业现状解读及行业发展的展望有一定的指导意义。石油天然气与化工行业密不可分，为完善石油和化工行业景气指数体系，我国于 2014 年建立了"中国油气行业景气指数"。"中国化学工业景气指数"与"中国油气行业景气指数"两个指数体系的建立与完善，构建了完整的石油化学工业指数体系，涵盖从产业链上游到产业链下游主要的石油化工产品，实现了对整个中国石油化工行业的发展现状及趋势分析，并用具体数据进行标识和解读。

（二）指数内容

石油和化工产业是国民经济的重要支柱产业，资源资金技术密集，产业关联度高，消费拉动大，在经济建设、社会发展、财政税收、国防建设以及稳定就业等方面发挥着重要作用。进入 21 世纪以来，我国石油和化工产业快速发展，生产总值、销售收入、利润总额、进出口贸易额年均增幅均在 20%以上，目前经济总量已居世界前列。在主要石油化工产品中，合成氨、化肥、纯碱、烧碱、电石、硫酸、合成纤维、染料、轮胎等产量居世界第一位，炼油、乙烯、合成树脂、合成橡胶等产量居世界第二位。

随着我国经济的持续高速增长，石油天然气作为能源对国民经济的重要

性日趋显著。石油天然气行业作为基础性产业，在国民经济发展乃至国家能源安全中具有十分重要的地位，对其下游的石油化工、化学原料制品、交通运输设备制造和交通运输等行业，乃至整个国民经济都有很强的关联效应。因此，有必要对石油天然气行业的景气状况进行分析，以协调国民经济各行业的发展，保障国民经济的持续平稳增长。中国油气行业景气指数的编制包含石油和天然气开采业、精炼石油产品制造业两大主要行业。石油和天然气开采业涉及原油和天然气两种产品，精炼石油产品制造业则涉及汽油、柴油、煤油、燃料油、石脑油五种产品（见表1）。

表1　　　　　　　　中国油气行业景气指数及产品指数

油气行业指数	主要行业	产品指数
中国油气行业景气指数	石油和天然气开采业	原油、天然气
	精炼石油产品制造业	汽油、柴油、煤油、燃料油、石脑油

化学工业是石油化工产业的重要分支，其包含着化学矿采选业，基础化学原料制造业，肥料制造业，农药制造业，涂料、油墨、颜料及类似产品制造，合成材料制造业，专用化学产品制造业和橡胶制品业八大主要行业（见表2）。中国化学工业景气指数的编制按照八大化工行业展开。

表2　　　　　　　　中国化学工业景气指数及产品指数

	八大化学工业行业指数	产品指数
中国化学工业景气指数	化学矿采选业	硫铁矿、磷矿石
	基础化学原料制造业	无机酸、无机碱、无机盐、有机化学原料
	肥料制造业	氮肥、磷肥、钾肥
	农药制造业	
	涂料、油墨、颜料及类似产品制造	涂料
	合成材料制造业	合成树脂、橡胶、纤维
	专用化学产品制造业	
	橡胶制品业	轮胎

（三）对整个行业的指导意义

尽早建立我国自己的石油化学工业景气参照体系，有利于提高我国在国际化工品贸易活动中的话语权，促进国内与国际化工品市场的良性互动，在国际化工品贸易活动中维护国家利益。同时该指数的编制与运行还可以为我国化工产品景气情况乃至整个行业研究探索发展方向，奠定实践基础，积累研究资料。

编制中国石油化学工业景气指数，可以面向社会提供公正、透明的化工产品景气信息，引导市场形成合理的化工产品景气水平。于国家，可以监测市场动态，形成预警，等等；于企业，可以帮助国内与国际化工产品供需企业及时、准确地把握化工产品景气水平与变化趋势，引导企业合理决策，维护市场的稳定与健康发展。

二、对现行指数编制经验的借鉴与参考

（一）现行指数概述

1. 国际现行指数

经济指数主要包括商品指数、股市指数等。

国际商品指数，不但在商品期货市场、证券市场领域具有强大的影响力，也为宏观经济调控提供预警信号。研究发现，商品指数大多领先于 CPI（居民消费价格指数）和 PPI（生产者物价指数）。商品指数走势和宏观经济的走势具有高度的相关性。当经济进入增长期，商品指数就会走出牛市行情；当经济进入萎缩期，伴随而来的就是商品指数的熊市。从这个角度看，商品指数的走势成为宏观经济走向的一个缩影。

路透商品研究局指数（CRB）：

路透商品研究局指数（CRB）是最早创立的商品指数，诞生于 1957 年，最早由 28 种商品组成，其中 26 种在美国和加拿大上市。

高盛商品指数（GSCI）：

高盛商品指数（GSCI）于 1991 年创建，原油在高盛商品指数中占很重要

的权重。近年由于以原油为代表的能源价格大幅上涨，高盛商品指数成为跟踪量最大的商品指数，甚至盖过 CRB 指数的风头，成为新的热门指数。

罗杰斯世界商品指数（RICI）：

罗杰斯世界商品指数（RICI）是吉姆·罗杰斯于 1998 年创建的。罗杰斯由于看好商品的长期牛市格局，设计了罗杰斯世界商品指数，并用自己的钱成立了基金跟踪这一指数。

道琼斯 – AIG 商品指数（DJAIG）：

道琼斯 – AIG 商品指数（DJAIG）于 1998 年建立，主要在机构投资者中受到欢迎，跟踪的资金量较大。

标准普尔商品指数（SPCI）：

标准普尔商品指数（SPCI）在 2001 年建立，其特点是成分商品均为美国国内市场交易的品种，目前包含 17 种商品，权重的设计是按照期货市场中的持仓量大小来确定的。标准普尔商品指数最大的特点是，采取几何算法来对指数进行计算。在这种算法下，指数的波动性下降，稳定性提高。

德意志银行流通商品指数（DBLCI）：

德意志银行流通商品指数（DBLCI）创建于 2003 年，包括 6 种商品，都是行业中流通性最好的商品，优点是降低了交易成本，提升了再次投资的能力。该商品指数调整的规定十分奇特：两个能源品种西得克萨斯中质原油（WTI）和热燃油，每个月调整一次，而其他四种商品每年调整一次。

2. 国内现行指数

宏观经济景气指数：

宏观经济景气指数包括：预警指数、一致指数、先行指数、滞后指数。

预警指数由 10 个指标构成，包括工业生产指数、固定资产投资、消费品零售总额、进出口总额、财政收入、工业企业利润、居民可支配收入、金融机构各项贷款、货币供应 M2、居民消费价格指数。预警指数把经济运行状态分为 5 个级别，"红灯"表示经济过热，"黄灯"表示经济偏热，"绿灯"表示经济运行正常，"浅蓝灯"表示经济偏冷，"蓝灯"表示经济过冷。

一致指数反映当前经济的基本走势，由工业生产、就业、社会需求（投资、消费、外贸）、社会收入（国家税收、企业利润、居民收入）4 个方面合成。

先行指数是由一组领先于一致指数的先行指标合成，用于对经济未来的走势进行预测。

滞后指数是由落后于一致指数的滞后指标合成得到，它主要用于对经济循环的峰与谷的一种确认。

CPI（消费物价指数）：

CPI 是根据与居民生活有关的产品及劳务价格统计出来的物价变动指标，通常作为观察通货膨胀水平的重要指标。

在中国构成该指标的主要商品共分八大类，其中包括食品烟酒、衣着、居住、生活用品及服务、交通和通信、教育文化和娱乐、医疗保健、其他用品和服务。

PPI（生产者物价指数）：

PPI 是衡量工业企业产品出厂价格变动趋势和变动程度的指数，是反映某一时期生产领域价格变动情况的重要经济指标。如果生产物价指数比预期数值高时，表明有通货膨胀的风险；如果生产物价指数比预期数值低时，则表明有通货紧缩的风险。目前，我国 PPI 的调查产品有 4000 多种（含规格品 9500 多种），覆盖全部 39 个工业行业大类，涉及调查种类 186 个。

PMI（采购经理指数）：

PMI 是一套月度发布的、综合性的经济监测指标体系，分为制造业 PMI、服务业 PMI，也有一些国家建立了建筑业 PMI。

PMI 是一个综合指数，由 5 个扩散指数加权而成，即产品订货（简称订单）、生产量（简称生产）、生产经营人员（简称雇员）、供应商配送时间（简称配送）、主要原材料库存（简称存货）。这 5 个指数是依据其对经济的先行影响程度而定，各指数的权重分别是：订单 30%，生产 25%，雇员 20%，配送 15%，存货 10%。计算公式如下：PMI = 订单 ×30% + 生产 ×25% + 雇员 ×20% + 配送 ×15% + 存货 ×10%。如此计算的 PMI 指数，如果在 50% 以上，反映制造业扩张；反之，如果低于 50%，通常反映其在衰退。

企业家信心指数：

企业家信心指数综合反映企业家对宏观经济的看法和信心。企业景气调查是一项制度性季度调查。调查范围包括工业、建筑业、交通运输仓储和邮政业、批发和零售业、房地产业、社会服务业、信息传输计算机服务和软件业、住宿和餐饮业。

CCI（消费者信心指数）：

CCI 是反映消费者信心强弱的指标，是综合反映并量化消费者对当前经济形势评价和对经济前景、收入水平、收入预期以及消费心理状态的主观感受，是预测经济走势和消费趋向的一个先行指标，是监测经济周期变化不可缺少的依据。

消费者信心指数由消费者满意指数和消费者预期指数构成。消费者的满意指数和消费者预期指数分别由一些二级指标构成：对收入、生活质量、宏观经济、消费支出、就业状况、购买耐用消费品、储蓄的满意程度以及未来一年的预期，未来两年在购买住房及装修、购买汽车的预期，未来 6 个月股市变化的预期。

2002 年第四季度，北京市统计局正式向社会发布"北京消费者信心指数"，并确定了今后按季度调查发布的制度。

高盛中国商品指数（GSCCI）：

GSCCI 使用的是国内大宗商品现价，其与国际价格常常截然不同，这种差别在短期内尤为明显。目前 GSCCI 的权重构成如下：煤炭：45.7%，钢铁：41.5%，铝：6.3%，铜：6.5%。GSCCI 是一个衡量中国上游通货膨胀的周度指标。

3. 现行石油化工产业景气指数

中经石油化工产业景气指数：

由经济日报社中经产业景气指数研究中心和国家统计局中国经济景气监测中心共同研究编制，于 2009 年二季度开始发布，包含了国内现存的众多产业的景气指数。其中，与石油化工产业相关的为中经石化产业景气指数，但似乎目前已经停止发布了。

中经石化产业景气指数为季度指数，数据起始年份为 1999 年第四季度。中经石化产业指数按照石油和化工分为两个指数，分别为中经石油行业景气指数以及中经化工行业景气指数。另外还有一些细分指数，其中包括石油和天然气开采业企业景气指数，石油加工、炼焦及核燃料加工企业景气指数，化学原料及化学制品制造业企业景气指数，石油行业生产合成指数，化工行业生产合成指数，石油行业工业品出厂价格指数，化工行业工业品出厂价格指数等。

中经石化产业景气指数的一个特点是包含众多的细分指数，主要是按照统计局统计的石油化工行业的统计数据编制，包含范围广泛，但指标众多。

（二）现行指数的特点

总结目前国内外流行或通用的指数，可以得出以下特点：

从指数的内容来看，目前实行的指数主要以商品指数、股指指数、国家的宏观经济指数为主。主要包括了 PPI、CPI、PMI、企业家信心指数、CCI 等，都是一些综合性的，可以对整个经济环境起到指导意义的指数。针对石油化工产业的指数目前有中经石化产业指数，但中经产业指数也是包含了大多数中国现有工业的指数，石油化工产业只是其中的一部分。

从指数的时间周期来看，10 年为一个基本的波动周期，数据表现形式则主要包括季度和月度两种。其中与石油化工产业相关的中经产业指数当时发布的时候是从 1999—2009 年十年的数据，采用的表现形式是季度指数。

从指数体系包含的细分指标来看，作为产业指数的中经产业指数包含了众多的细分指标，数据来源主要是国家统计局可以涵盖的统计数据。例如利润、亏损额、应收账款净额、产成品资金、投资总额、从业人员数、价格、税金、销售收入、出口额等。

（三）对制订中国石油化工景气指数的启发意义

综上所述，目前国际和国内的流行指数以宏观经济指标的指数为主，专业阐述石油化工行业的景气指数较少。作为一个在国民经济中地位越来越重要的工业行业迫切需要制订一个石油化工行业的专业指数，以达到对整个行业的指导作用，并对整个国家经济的发展有一定的辅助作用。因此，本景气指数的制订更偏重于专业性和专一性。

时间周期的选取，按照石化工业经济波动周期的规律，至少选择十年的数据。按照可统计到的数据类型，以及保证数据波动的敏感性，主要选取了月度指数的表现形式。

数据指标的选取，主要选取国家统计局或协会连续统计的、对行业有代表意义的主要数据指标。

三、指数编制理论框架和原则概述

（一）指标选择的原则

指标的筛选需遵循数据的连续性、公开性、易得性、准确性、独立性等原则。

（二）指数编制基础数据处理理论

1. 增长率循环法的选择

目前国内外对于景气周期的分析方法主要有三种，分别为古典循环法、增长循环波动法、增长率循环法。

古典循环法，主要是观察经济时间序列绝对量本身的波动，一般观察时间序列的长期趋势及循环要素（TC）的波动。

增长循环波动法，也称离差循环方法，一般观察经济时间序列相对量的波动，将时间序列的长期趋势 T 和循环要素 C 分离，把循环要素 C 的变动看作是景气变动，即增长周期波动是循环要素 C 的波动。

增长率循环法，观察经济时间序列的增长率（与上年同月或同季比的变化率），分析其波动的规律性；同前两种方法一样，也要对时间序列进行季节调整，对增长率序列的长期趋势及循环要素（TC）的波动进行分析。

目前世界上这三种方法都分别被不同的国家或组织采用，如美国应用古典循环方法，大部分 OECD（经济合作与发展组织）国家采用增长循环方法，日本及大部分发展中或经济起飞中的国家都采用增长率循环方法。

2. 移动平均理论模型

移动平均法是用一组最近的实际数据值来预测未来一期或几期内公司产品的需求量、公司产能等的一种常用方法。移动平均法适用于即期预测。当产品需求既不快速增长也不快速下降，且不存在季节性因素时，移动平均法能有效地消除预测中的随机波动，是非常有用的。移动平均法根据预测时使用的各元素的权重不同，可以分为简单移动平均法和加权移动平均法。

简单移动平均法是指对由移动期数的连续移动所形成的各组数据，使用算术平均法计算各组数据的移动平均值，并将其作为下一期预测值。

加权移动平均法就是根据同一个移动段内不同时间的数据对预测值的影响程度，分别给予不同的权数，然后再进行平均移动以预测未来值。与简单移动平均法不同的是，根据越是近期数据对预测值影响越大这一特点，不同地对待移动期内的各个数据，弥补简单移动平均法的不足。

3. 季节调整和趋势分解

所谓季节调整，就是一个从时间序列中估计和剔除季节影响的过程，目的是更好地揭示月度或季度序列的特征或基本趋势。自 1919 年由美国经济学家提出季节调整的方法之后，有关季节调整的方法不断地改进，1931 年 Macauley（麦考利）提出了用移动平均比率法进行季节调整，成为季节调整方法的基础；1954 年 Shiskin（希斯金）在美国普查局首先开发出在计算机上运行的程序对时间序列进行季节调整，称为 X－1，此后，季节调整的方法每改进一次都以 X 加上序号表示；1960 年 X－3 方法发表；1961 年又发表了 X－10 方法；1965 年美国普查局推出了比较完整的季节调整程序 X－11，季节调整方法开始走向成熟并被广泛使用。目前，国际上普遍采用的季节调整法主要包括 X－11－ARIMA、X－12－ARIMA 和 TRAMO/SEATS。

最典型的季节调整法是 X－11，其特征在于除了能适应各种经济指标的性质，根据各种季节调整的目的，选择计算方式外，在不做选择的情况下，也能根据事先编入的统计基准，按数据的特征自动选择计算方式。在计算的过程中可根据数据中的随机因素的大小，采用不同长度的移动平均，随机因素越大，移动平均长度越大。X－11 方法是通过几次迭代来进行分解的，每一次对组成因子的估算都进一步精化。正因如此，X－11 方法得到了很高的评价，已为欧美、日本等国的官方和民间企业、国际机构（IMF）等采用，成为目前普遍使用的季节调整方法。

综合我国的经济形势及行业发展特点，石油化工景气指数的编制中基础数据处理选用的是增长率循环法和移动平均理论。

（三）景气指标筛选理论

1. 时差相关分析

时差相关分析是利用相关系数验证经济时间序列先行、一致或滞后关系的一种常用方法。时差相关系数的计算方法是以一个重要的能够敏感地反映当前经济活动的经济指标作为基准指标，一般选择一致指标作为基准指标，然后使被选择指标超前或滞后若干期，计算它们的相关系数。

2. K－L 信息量

K－L 信息量法是 20 世纪中叶，由 Kull－back（库尔—拜克）和 Leibler（莱布勒）提出，用以判定两个概率分布的接近程度。其原理是以基准序列为理论分布，备选指标为样本分布，不断变化备选指标与基准序列时差，计算 K－L 信息量。K－L 信息量最小时对应的时差数确定为备选指标的最终时差。

对于偶然的带有随机性的现象，通常可以认为是服从某一概率分布的随机变量的一些实现值。如果已知（或假设）真正的概率分布，而希望估计我们选择的概率模型与这一真的概率分布相近似的程度，从而估计模型的好坏，就需要一个度量，这就是 Kullback－Leibler 信息量，即 K－L 信息量。

在实际的应用中，是以一个重要的、能够敏感地反映当前经济活动的经济指标作为基准指标。对于每个选取的经济指标相对于基准指标前后移动若干个月，计算 K－L 信息量的值。K－L 信息量越小，说明真实概率分布与模型概率分布越接近，对应的移动月数就是该指标的延迟月数。

3. 马场方法

马场方法就是基准循环分段平均法，是日本京都大学教授马场正雄在美国 NBER（国家经济研究局）的景气变动分析法的基础上加以改进，提出的一种方法，故又称为马场方法。这一方法是以景气循环基准日期为尺度，检验被选择指标本身的周期波动的峰和谷与经济周期波动的峰和谷的关系，并将这种关系用经济指标变动分析表的形式给出。从经济指标变动分析表中可以分析出被选指标在景气循环的扩张和收缩阶段的综合状态，从而得出该指标是否是与景气变动对应较好的景气指标，还可以分析出是先行指标、一致指标还是滞后指标。

4. 聚类分析

聚类分析指将物理或抽象对象的集合分组成为由类似的对象组成的多个类的分析过程。它是一种重要的人类行为。聚类分析的目标就是在相似的基础上收集数据来分类。聚类源于很多领域，包括数学、计算机科学、统计学、生物学和经济学。在不同的应用领域，很多聚类技术都得到了发展，这些技术方法被用作描述数据、衡量不同数据来源间的相似性以及把数据来源分类到不同的簇中。

以上 4 个理论中，石油和化工景气指数数据筛选选择了时差相关分析理论。

（四）景气指数合成理论

景气指数合成方法在国际上通用的有扩散指数法（DI）、合成指数法（CI）以及权重法。

1. 扩散指数法

扩散指数法是根据一批领先经济指标的升降变化，计算出上升指标的扩散指数，以扩散指数为依据来判断未来的经济景气情况的预测方法。其优点在于利用一组经济指标进行综合考察，避免仅依靠个别领先指标做出判断预测的弊端；首要条件是选择建立一套能够全面、及时、准确地反映监测预警对象发展变化整体状态的指标体系；核心内容是对指标体系中各类指标进行三大类（先行指标、一致指标、滞后指标）的划分，计算各类指标的扩散指数。

扩散指数法是一种以经济指标为中心进行景气观测的方法。景气变动是指经济的循环性变动从某个领域波及或渗透到其他领域，从一种产业渗透到另一种产业，或从某地区波及其他地区，代表国民经济整体动向的一种极其复杂的现象。但现其内容，景气变动与经济活动之间存在着相对稳定的时间性的对应关系。因此，从各经济领域选择出相对于景气变动比较敏感的有代表性的景气指标，根据这些指标的复合变动，便可以宏观掌握景气整体的动向及景气波及或渗透情况。

2. 合成指数法

合成指数又称景气综合指数，是现在国际上广泛使用的景气指数。合成指数除了能预测周期循环的转折点外，还能反映周期循环变动的幅度。其计算方法是先求出每个指标的对称变化率，即变化率不是以本期或上期为基数求得，而是以两者的平均数为基数求得（这样可以消除基数的影响，使上升与下降量均等）；然后，求出先行、同步和滞后三组指标的组内、组间平均变化率，使得三类指数可比；最后，以某年为基年，计算出其余年份各月（季）

的（相对）指数。

目前国际上正在使用的合成指数主要有：美国商务部的合成指数、日本经济企划厅的合成指数以及 OECD（经济合作与发展组织）的合成指数。美国商务部与日本经济企划厅的合成指数在计算思想上是一致的，计算方法略有不同，主要采用的是指标对称变化率的概念。OECD 则主要是依据增长率循环的概念，并且更加注重先行指数。

3. 权重法

权重法是一种指定权重的指数合成的方法：

一种方法是可以依赖于业内专家对行业的认知以及合理的判断。具体方法即为，邀请行业内的权威专家对各个指标进行专家赋值，然后各个指标与各自的权重进行乘法运算以及加和计算，最终得到目标指数。虽然专家赋值法在一定程度上主观因素较强，但对于行业发展较为规律的工业产业，有一定的应用价值。可以根据期内的行业发展规律，进行适当的调整以及校正。

另外一种方法是根据统计指标的统计运算，对各个指标进行权重赋值。具体方法如下，化学工业包含了八大主要产业，分别为：①化学矿采选业；②基础化学原料制造业；③肥料制造业；④农药制造业；⑤涂料、油墨、颜料及类似产品制造；⑥合成材料制造业；⑦专用化学产品制造业；⑧橡胶制品业，根据统计局统计数据，按照主营业务收入，不同产业主营业务收入对化学工业有不同的贡献，以 2012 年的数据为例，八个二级行业主营业务收入在化学工业中的占比分别为①0.7%；②26.8%；③11.5%；④3.3%；⑤6.6%；⑥18.1%；⑦21.4%；⑧11.6%。然后按照各自的百分比赋予权重，本景气指数主要采取这种统计运算的方式对主要指标赋予权重。

以上 3 个理论中，石油和化工景气指数合成选择了权重法。

四、中国石油化工景气指数编制方案

（一）研究方法步骤分解

第一步，理论框架。

参考国际国内指数编制的现行方法论以及国际理论框架，挑选适合石油和化学工业景气指数的方案。

第二步，数据来源。

国家统计局统计数据。

第三步，数据处理。

基础数据处理选用的是增长率循环法和移动平均理论，数据筛选选择了时差相关分析理论，景气指数合成选择了权重法。

第四步，权重设计。

按行业市值表现，主要选取行业主营业务收入市场占比作为产品或者行业权重。

第五步，指数拟合。

先按产品、分行业拟合，再拟合出总指数。

（二）编制方案——以化学工业景气指数合成为例

1. 目标指数的设定

中国化学工业景气指数主要包含主指数、分指数、产品指数以及亚指数。

主指数即为中国化学工业景气指数总指数。

分指数主要包括化学工业八大行业指数，即化学矿分指数、基础化学原料分指数、肥料分指数、化学农药分指数、涂料油墨颜料分指数、合成材料分指数、专用化学品分指数、橡胶制品分指数。

产品指数主要涵盖八大化学工业中具有代表性的产品，共计 10 种产品，分别为无机碱指数（隶属于基础化学原料）、有机化学原料指数（隶属于基础化学原料）、氮肥指数（隶属于基础化学化肥）、磷肥指数（隶属于化肥）、钾肥指数（隶属于化肥）、涂料指数（隶属于涂料油墨颜料）、合成树脂指数（隶属于合成材料）、合成橡胶指数（隶属于合成材料）、合成纤维指数（隶属于合成材料）、轮胎指数（隶属于橡胶制品）。

亚指数包括可统计到的数据指标，最终选定了产量、贸易额、价格、主营业务收入以及固定资产投资，形成五个亚指数即产量指数、贸易指数、价格指数、主营业务收入指数以及固定资产投资指数。

2. 时间周期的选择以及指标的选择

时间周期的选择主要参照目前执行指数考虑到的周期特点以及化学工业

的行业特点选定。从化学工业的发展历史来看，10 年可以作为化工产业的一个变化周期，因此本体系最终选定了 10 年作为一个景气周期，选取 2002 年 1 月—2013 年 9 月的月度数据作为整个指数体系的时间范围。指标体系完成后，逐月进行数据更新，目前数据已更新到 2016 年 9 月。

指标的选择参照了国家统计局统计数据、行业协会统计数据等数据来源，根据数据的连续性、易得性、准确性等原则以及时间周期 10 年月度数据的基本要求，最终选定了统计局可统计到的 6 个化学工业相关指标作为本体系的基本指标库，这 6 个指标符合了八大化学工业，10 个主要产品都可以连续统计到 10 年月度连续数据的基础条件。6 个基本指标主要为：产量、贸易额、价格、主营业务收入、固定资产投资行业和库存基本指标。结合经济发展情况，补充了 2 个经济指标社会消费品零售总额和房地产投资额。共计 8 个指标构成了指标体系。

3. 指标查缺补漏的处理

整个指数体系数据的时间周期选择了 2002 年 1 月—2013 年 9 月共计 11 年的月度数据，需要追溯 10 年的月度历史数据。在追溯历史数据的过程中发现，部分月份存在汇总统计的情况，对这部分数据进行有效拆分。另外由于追溯的历史周期较长，存在部分月份数据缺失，对缺失的月份进行查缺补漏。通过以上两种方法，保证月份数据具备连续性。

4. 计算方法论的选择

中国化学工业景气指数提出了两种方法论。方法论处理步骤基本一致，主要分五个步骤完成指数的合成。第一步，指标的选择；第二步，数据查缺补漏；第三步，数据处理；第四步，指数的合成；第五步，指数的校正。方法论的执行方法以及选择的基础理论见图 1 详示。

方法论一与方法论二的主要区别在于数据处理、指数的合成以及指数的校正三个步骤。最终得到了两组数据结果供讨论。

5. 基期的选择

基期的选择提出了两种方案：

方案一：数据选取的起点作为基期。整个数据体系时间范围 2002 年 1 月—2013 年 9 月，做同比处理之后，2003 年 1 月是数据体系的起点，可以选定 2003 年 1 月数据作为基期点。

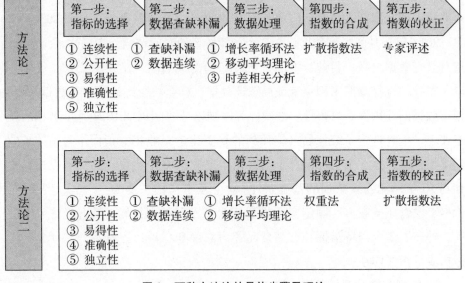

图1　两种方法论的具体步骤及理论

方案二：国际原油价格的波动平稳期作为基期。化学工业受原油价格波动的直接影响，原油价格的波动平稳期认为与化学工业波动的平稳期有一定的相关性，本体系选取了国际阿曼原油价格作为参考基础，对阿曼原油价格取同比，得到原油波动的曲线见图2。

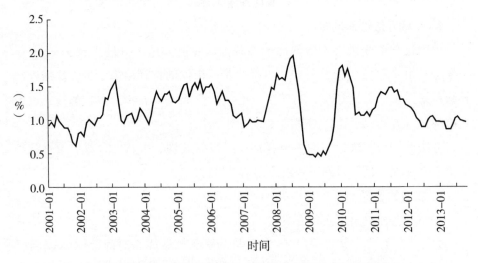

图2　阿曼原油价格波动周期（2001年1月—2013年9月）

从 2001 年 1 月—2013 年 9 月，原油价格呈现出较大波动，原油价格波动比较稳定的集中在五个阶段：

第一阶段：2001 年年初

第二阶段：2002 年年中

第三阶段：2003 年下半年—2004 年上半年

第四阶段：2007 年年中

第五阶段：2012 年年底—2013 年年中

最终选择 2004 年 1 月作为中国化学工业景气指数的基期。

6. 权重的选择

中国化学工业景气指数权重的选择按照分指数或者分指标对最终指数贡献的大小确定，不同的指数权重确定方法略有差异。

主指数和亚指数参与合成的指标为八大行业分指数或分指标，权重的确定主要根据八大行业主营业务收入在中国化学工业主营业务收入中的占比确定（见表3）。

表3　　　　　　　　　　主指数、亚指数权重的构成

行 业	主营业务收入，2012 年（亿元）	份 额	对指数合成贡献的权重
化学矿采选业	474	0.7%	0.007
基础化学原料制造业	18958	26.8%	0.268
肥料制造业	8139	11.5%	0.115
农药制造业	2357	3.3%	0.033
涂料、油墨、颜料及类似产品制造	4687	6.6%	0.066
合成材料制造业	12854	18.1%	0.181
专用化学产品制造业	15169	21.4%	0.214
橡胶制品业	8191	11.6%	0.116
化学工业总计	70829	100.0%	1.000

分指数以及产品指数参与合成的指标为指标库选定的五个行业或产品指标，主要包括：产量、贸易额、价格、主营业务收入和固定资产投资，权重的构成主要按照行业或产品特性区分为 3 个维度，设定权重：

（1）根据行业及产品特性，设定三个维度分别为：投资、生产运营、产业（产品）效益。

（2）投资指标中只选取了固定资产投资，权重为25%。

（3）生产运营中三个指标按照价格20%，产量与贸易共同占有20%比例，具体份额按照产量权重＝［产量/（产量＋贸易）］×20%，贸易＝［贸易/（产量＋贸易）］×20%。

（4）产业（产品）效益，只选取了主营业务收入，权重为35%。

7. 指数的合成

中国化学工业景气指数共形成24个指数，主指数即为中国化学工业景气指数1个，行业指数即为八个二级行业指数8个，亚指数5个。产品指数体系主要包括八个二级行业下属的主要产品，在本指数体系中，共统计了10种产品指数（见表4）。

表4 **中国化学工业景气指数最终设定表**

主指数	行业指数	亚指数
1. 化学工业景气指数	2. 化学矿采选业	10. 投资指数
	3. 基础化学原料制造业	11. 产量指数
	4. 肥料制造业	12. 贸易指数
	5. 农药制造业	13. 价格指数
	6. 涂料、油墨、颜料及类似产品制造	14. 主营业务收入指数
	7. 合成材料制造业	
	8. 专用化学产品制造业	
	9. 橡胶制品业	

产品指数	
15. 无机碱	20. 涂料
16. 有机化学原料	21. 合成树脂
17. 氮肥	22. 合成橡胶
18. 磷肥	23. 合成纤维
19. 钾肥	24. 轮胎

按照景气指数的拟合原理，分五步，对主指数进行合成。

在确定方案的过程中，主要选取两种方法论，分别取名为方法论一和方法论二。方法论一主要完成先行、一致及滞后指数的划分，方法论二是形成最终的中国石油和化学工业主指数（见图3）。

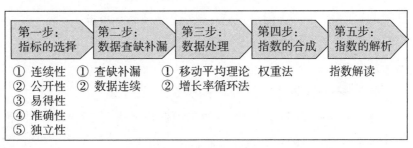

图3 两种方法论的构成

方法论一：先行、一致、滞后指数的合成

第一步，指标的选择。

主要依据可统计到有效的连续数据，初步确定景气指数合成的指标库。

第二步，数据查缺补漏。

由于时间范围较短，数据统计工作很完备，不存在缺漏的现象，所以第二步查缺补漏略过。

第三步，数据处理。

①移动平均的处理

②增长率循环法处理

选用增长率循环方法，首先对所有涉及指标取同比增长，假设2010年1月数据为a1，2011年1月数据为a2，则2011年1月同比＝a2/a1，计算出所有指标的同比指标。

③时差分析处理

对同比数据进行时差分析处理，进行先行、一致以及滞后判断。以不同指标数据进行时差相关分析，得到结果。

时差分析指标筛选的原则是延迟数 -9 ~ -3 为先行指标，-3 ~ 3 为一致指标，3 ~ 9 为滞后指标。相关系数 >0.5 较好。

第四步，指数的合成。

根据数据处理的结果，整理出先行、一致以及滞后指标，先按照权重法对指数进行合成，指数合成公式如下：

$$主指数 = 指标 \times 权重贡献值$$

$$先行指数 = 先行指标 \times 指标权重$$

$$一致指数 = 一致指标 \times 指标权重$$

$$滞后指标 = 滞后指标 \times 指标权重$$

第五步，指数的解读。

方法论二：

本方法论理论方法有：移动平均法、增长率循环法和权重法。基本的计算原则：①移动平均法：对部分数据根据指标特点，对数据进行 3 个月或 6 个月的移动平均。例如：固定资产投资，由于行业运行中，投资形成产能会有一定的周期性，3 个月到几年不等，在本景气指数的处理中，认为 6 个月为一个周期，对投资数据选择使用 6 个月的移动平均进行处理。②增长率循环法：对数据同比处理，在计算增长率的过程中，使用同比处理，在一定程度上可以消除季节因素的影响。③权重法：根据指标及赋值权重对指数进行合成，基本公式为：$\sum 指标 \times 权重$。

景气指数主指数采用层级合成，即由行业指数以及行业指数的权重最终合成主指数，主指数体系构成如下：指标数据库包括石油天然气开采，原油加工，化学矿采选业，基础化学原料制造业，肥料制造业，农药制造业，涂料、油墨、颜料及类似产品制造，合成材料制造业，专用化学产品制造业，橡胶制品业，权重按照十个二级行业不同指标计算设置。

即景气指数（I）计算公式为：

$$I = A \times n\% + B \times n\% + C \times n\% + D \times n\% + E \times n\% + F \times n\%$$

（字母代表行业的确定指标数值，$n\%$ 代表权重）

（中国石油和化学工业联合会 祝 昉 刘 洋）

中国石油和化学工业景气指数解读

一、全行业总体运行平稳

2016 年前三季度，石油和化工行业经济运行总体平稳，稳中向好。根据情况显示，全国油气和主要化学品生产总体保持正常，市场供需基本稳定，价格持续回升，效益企稳向好。但是，行业成本近期回升较快；固定资产投资降幅较大；化工市场进出口压力持续增加。行业经济走势明显分化，下行压力仍然较大。

根据中国石油和化学工业联合会发布的景气指数显示，9 月，中国化学工业景气指数为 88.75，比上月上升 0.09 点；油气行业景气指数为 81.74，较上月大幅上升 2.57 点，为年内新高，近期回升步伐明显加快（见图 1）。

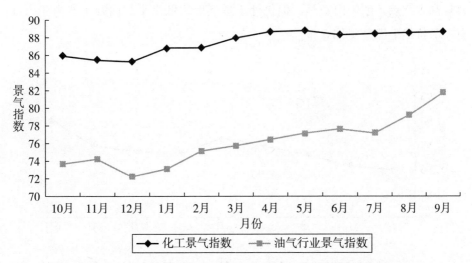

图 1 2015 年 10 月—2016 年 9 月化学工业和油气行业景气指数变化情况

二、化工行业制造由低端向中高端转变

化工行业所包含的门类较多，每个门类又有各自不同的特征，应细分行业加以对待，现将化工行业各分行业景气指数列举如下：

（1）化学矿开采业景气指数震荡下降，2016年9月景气指数为92.72，比上月回落0.24点（见图2）。

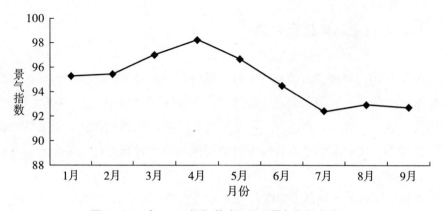

图2　2016年1—9月化学矿开采业景气指数变化图

（2）基础化学原料行业景气指数逐渐上升，9月景气指数为89.78，比上月提高1.9点，创年内新高，但仍处于景气度略低水平。回升主要由于大部分产品价格上涨（见图3）。

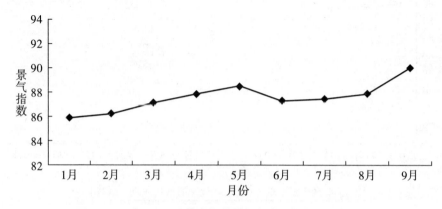

图3　2016年1—9月基础化学原料制造业景气指数变化图

（3）化肥市场持续低迷，主要化肥品种价格不断走低。肥料制造业景气指数持续下降，已经低于正常水平。9月景气指数为88.71，比8月回落0.06点（见图4）。

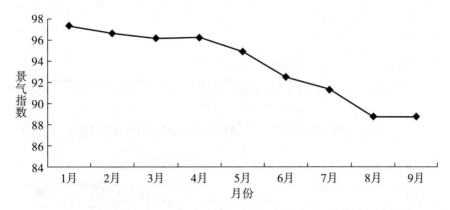

图4　2016年1—9月肥料制造业景气指数变化图

（4）农药制造业景气指数持续回升，恢复到正常水平。9月景气指数为90.75（见图5）。

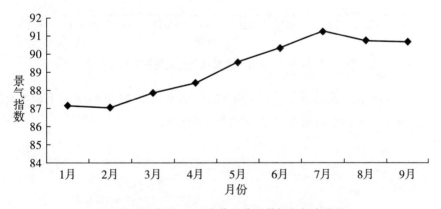

图5　2016年1—9月农药制造业景气指数变化图

（5）涂料、油墨及染料制造业全年均保持在正常水平，且持续向好。9月景气指数为93.85，比8月上升1.3点，整体景气度在化学工业中较高（见图6）。

（6）合成材料市场价格最近一段时间保持稳中上扬走势，总体运行稳中趋好。9月景气指数为92.58，由2016年年初的正常水平之下回升到正常水平之上，且处于年内较好水平，景气度在化学工业中也较好（见图7）。

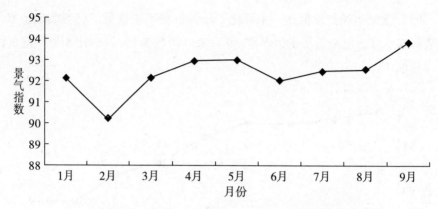

图6　2016年1—9月涂料、油墨及染料制造业景气指数变化图

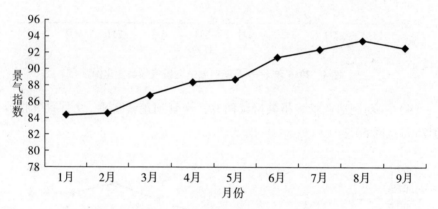

图7　2016年1—9月合成材料制造业景气指数变化图

（7）专用化学品行业整体运行平稳，9月景气指数为84.8，比8月有所下降，主要由于进出口贸易的下降影响（见图8）。

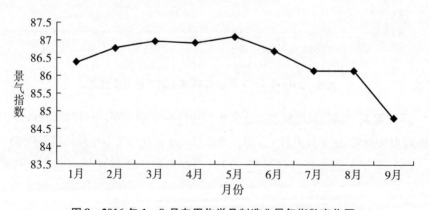

图8　2016年1—9月专用化学品制造业景气指数变化图

（8）2016年1—9月，国内轮胎价格虽然保持基本平稳，但始终低位运行，出口价格有所下降，轮胎制造在橡胶制品业比重较大，所以整体景气度持续不高，均处于较低水平。9月景气指数为84.05，较8月回落0.23点，在化学工业中景气度较低（见图9）。

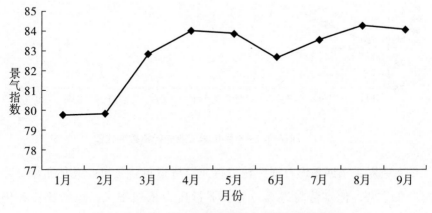

图9　2016年1—9月橡胶制品业景气指数变化图

三、预测

从油气行业先行指数来看，2016年以来持续走低，表明未来油气行业下行压力仍然较大，国际油价未来的走势是整个行业走势的重要因素（见图10）。

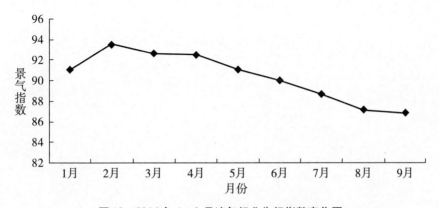

图10　2016年1—9月油气行业先行指数变化图

从化学工业先行指数来看，从 2016 年年初的 79.69 上升到 9 月的 84.01，基本处于稳中趋好的态势（见图 11）。

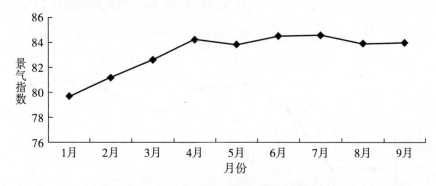

图 11　2016 年 1—9 月化学工业先行指数变化图

综合判断，第四季度石油和化工行业经济运行将延续"总体平稳，稳中向好"的态势，但走势将继续分化，下行压力依然很大，稳增长任务仍很艰巨。

（中国石油和化学工业联合会　祝　昉　刘　洋）

中国机械工业指数体系建设介绍

机械工业是为国民经济各行业提供技术装备的战略性产业，是各行业产业升级、技术进步的重要保障和国家综合实力的集中体现。截至 2015 年年底，我国机械工业规模以上企业 8.5 万家，资产总额 19.3 万亿元，2015 年机械工业（含汽车工业）主营业务收入近 23 万亿元，占全国工业收入的比重超过 20%。主要经济指标在全国工业中的比重居各行业之首，约占全国工业的 1/5，规模总量已连续多年位居世界第一。

近年来，机械工业发展情况越来越受到各方的重视，中国机械工业联合会（简称中机联）的行业运行分析已经成为国务院以及相关政府部门、行业、媒体了解行业运行的重要信息源。国务院副总理每年定期召开行业协会座谈会，听取行业经济运行分析；国家发展改革委员会、财政部、工业和信息化部、商务部、国家统计局等部门也定期或不定期听取行业经济运行情况。

随着我国经济发展阶段的转变和行业发展重点的变化，以往单纯使用规模、增速等单个指标，反映行业整体发展情况的方法不再适用。同时随着行业运行波动性增强，具有预判性的评价方法越来越受到重视。在此背景下，指数研究法在行业运行中使用日益广泛。

一、中国机械工业联合会已开发的指数

进行行业经济运行分析是中机联服务政府与行业的基础工作，也是成立初始最早接受政府委托的工作之一，每年为国家发展改革委员会、财政部、工业和信息化部、国有资产监督管理委员会等多个政府部门提供行业经济运行分析情况、汇报行业发展情况、开展专题分析工作。近年来，随着经济体制改革和产业结构转型升级的持续推进，中机联承担的行业运行分析工作日

趋繁重，分析方法与研究方法也多次进行补充完善。

（一）机械工业运行质量综合指数

"十二五"是我国转变发展方式，实施产业结构调整的关键时期，机械工业作为国民经济各领域提供装备的重要支柱型产业，积极推进自身发展方式转变、实现产业转型升级，对我国产业调整升级总体规划的实施具有重要意义。在此背景下，机械行业发展重点已逐步由单纯追求总量和速度的增长，转变为关注于结构调整升级和运行质量的提升，仅仅使用规模的扩张和增长速度的提升，已经无法全面、真实、客观地评价行业、企业的运行情况，也会使政府有关决策部门对行业运行情况的了解产生偏差。由此亟须为行业及行业内企业的考核和评价提出新的兼顾综合性与行业特征的方式与方法。

2012 年，根据行业经济运行监测的需求和相关行业企业的呼吁，中机联设立了"机械工业运行质量评价体系"课题，通过一年的研究与测算，形成了"机械工业运行质量综合指数（2012 版）"评价体系。该指数体系，综合反映行业、企业的盈利能力、发展能力、偿债能力、运营能力、产出效率、产销衔接状况、资源能源利用效率等情况，可以系统地评价行业、企业的运行质量，丰富和完善机械工业行业运行质量评价的方式方法，客观地反映机械行业运行情况，满足行业内部进行综合评价的需求。

经过了"十二五"期间的运行和使用，2015 年，中机联根据行业发展的新特点、国民经济行业划分标准的调整等变化因素，对机械工业运行质量综合指数评价方法进行了更新。新体系从产销衔接能力、盈利能力、营运能力、偿债能力、产出效率、可持续发展能力六大方面，运用工业产品产销率、总资产贡献率、成本费用利润率、主营业务收入利润率、资本保值增值率、净资产收益率、资产负债率、流动资产周转率、人均主营业务收入增长率、工业增加值率调高幅度、主营业务收入综合能耗降低率和研发投入强度共 12 项具体指标，综合评价行业、企业的发展质量。同时依据"十二五"以来，行业发展步入新常态发展阶段的实际，对标准值体系进行了调整。调整后的机械工业全行业标准值、12 个主要分行业标准值以及 79 个重要小行业标准值可更好地代表"十二五"末期和"十三五"初期行业发展的平均水平。整体的运行质量综合指数采用加权计算的方法。

（二）机械工业景气指数（研究建设之中）

近年来，中机联作为社会团体从国家权威机构得到的数据资源越来越少，并且随着脱钩改革的推进，这一变化将愈发突出。中机联以信息系统平台建设为契机，正在建立机械工业景气指数监测系统。

机械工业运行指数监测系统，总共设计 6 个指数，分别是：趋势指数、产品指数、行业指数、投资指数、外贸指数和经效指数。其中趋势指数具有先行性，其余 5 项指数可合成为景气指数。

①机械工业运行趋势指数由六方面内容构成，具体包括：制造业采购经理人指数（PMI），全国外贸情况，全社会固定资产投资情况，机械工业用工人情况、机械工业订货情况以及专家评判（基于问卷调查）。

②机械工业景气指数（由五个指数合成，单个指数也可以单独使用），景气指数及各分项指数的内容：

- 机械工业产品指数（根据 119 种产品计算）
- 机械工业行业指数（根据 6 个机械大行业计算）
- 机械工业投资指数（根据 3 项投资类指标计算）
- 机械工业外贸指数（根据 3 项外贸指标计算）
- 机械工业经效指数（根据 3 项经效指标计算）

机械工业景气指数计算方法（综合指数）：机械工业景气指数由产品指数、行业指数、投资指数、外贸指数和经效指数 5 项单个指数的加权得到。

二、指数的发布及在业内的影响力

（一）机械工业运行质量综合指数

作为行业内唯一具有综合性反映行业企业发展运行情况的评价指数，"机械工业运行质量综合指数（2012 版）"一经推出便引起业内有关专业协会和大型企业集团的高度关注。发布后第一年即有中国石油和石油化工设备工业协会、中国制冷空调协会、中国轴承工业协会、山东省机械工业联合、北京京城控股有限公司、中国重汽集团等地方、专业协会与大型企业集团采用了机械工业运行质量评价指数。

《机械工业发展与改革报告》是我会对外发布的综合性年度报告，至今已有 10 余年的历史。该报告在机械行业内具有较高的权威性，主要订阅单位是机械工业大企业集团、机械工业专业性协会、研究机构和证券公司，同时也报送发改委、工信部、财政部、商务部等政府部门参阅。自 2013 年起，中机联按年度在《机械工业发展与改革报告》中采用此综合指数评价方法对机械工业行业进行比较和对标分析，并对外发布。

基于中机联会正在建设的机械工业信息系统平台，"机械工业运行质量综合指数（2015 版）"不仅可实现对行业运行的综合评价，还将开发企业应用软件，实现对企业发展情况的综合评价。

（二）机械工业景气指数

机械工业景气指数目前还处于方法研究和数据测速阶段，本指数预计近期开始试算运行，明年对外公布。

三、未来工作重点

基于中机联现有指数工作基础及有关资源，下一步将完善指数体系的建设，并进一步向分行业协会和行业内企业推广应用。同时加大对外宣传的力度，提高权威性与社会认知度。

（中国机械工业联合会　赵新敏　李晓佳）

中国质量协会用户满意度指数介绍

用户满意度指数（Customer Satisfaction Index，CSI）是目前许多国家积极开展研究并投入使用的一种质量评价指标。用户满意度指数来源于用户满意（Customer Satisfaction）——组织提供的产品、服务满足用户预期和需求的程度，此理念在 ISO 9001 系列标准和营销领域中都有着举足轻重的地位。通过应用社会学、心理学、消费者行为学等多门学科的基本原理和方法设计测量模型，采用随机抽样调查的方式获取用户反馈信息，利用计量经济学的多元统计分析模型进行测算和分析，能够有效地量化用户满意这一抽象概念，进而得到用户对产品、服务的满意度指数等一系列相关指标，并可据此汇总成企业、行业、区域乃至国家的用户满意度指数。

一、用户满意度指数发展历程

1989 年，瑞典在世界上首先建立了国家层面的用户满意度指数模型——瑞典用户满意晴雨表（SCSB）；在此模型基础之上，美国密歇根大学经管学院、美国国家质量研究中心 Fornell 等人于 1994 年提出了美国用户满意度指数（ACSI），美国用户满意度指数作为每季度衡量美国经济状况的重要指标之一，已成为与消费品价格指数、失业率和通货膨胀率同等重要的经济参数；世界各主要发达国家和地区（如欧盟、加拿大、日本、韩国等）也纷纷建立了具有自己特色的用户满意指数体系。

我国用户满意度指数测评的系统化研究工作起步较晚。从 1999 年开始，中国质量协会、清华大学企业研究中心等科研机构共同开展了中国的用户满意度指数（CCSI）构建工作，对用户满意度的计量经济学模型进行了体系化的改进和拓展。中国质量协会自 2002 年开始，按照《国务院关于进一步加强产品质量若干问题的决定》提出的"要研究和探索产品质量的用户满意度指数评价办法，向消费者提供真实可靠的产品质量信息"要求，参照美国及其他国家发布用户满意度指数的做法，结合国内实际，广泛开展汽车、家电、食品、银行、保险等行业的用户满意度测评工作。

二、中国用户满意度指数

（一）中国用户满意度指数测评工作

中国质量协会正在开展并对外发布的用户满意度指数包括：中国汽车行业用户满意度指数、中国家电行业用户满意度指数、中国食品行业用户满意度指数、中国工程机械行业用户满意度指数、中国金融行业用户满意度指数5大行业、18个子行业指数。各行业每年的调研方案都在征求企业和专家的意见后予以开展，结果发布前会对数据进行反复检验和论证，根据国内外同行业相关调查数据、国内企业运行发展状况、消费者反馈信息等对指数结果进行评估。

各行业用户满意度指数信息均上报国家质检总局质量司、工业和信息化部科技司、商务部产业司、国资委行业办等相关部门和单位，国内相关行业企业、各大媒体、广大消费者均会给予高度关注。目前行业测评中涉及的企业达150余家，这些企业在其行业内均为全国性或区域性的领军企业，其市场份额可占到同行业的80%以上。

（二）中国用户满意度指数测评模型

图1为中国用户满意度指数通用模型，模型中共有7个结构变量，其中品牌形象、预期质量、感知质量和感知价值是用户满意度的影响变量，用户忠诚度和用户抱怨是用户满意度的结果变量。中国用户满意度指数模型按照国家标准《顾客满意测评通则》（GB/T19039—2009）、《顾客满意测评模型和方法指南》（GB/T19038—2009）及全国用联办制定的《用户满意度测评规范》（用联办字〔2005〕2号文件）技术要求，结合各行业用户满意度指数的研究需求予以开展。中国用户满意度指数模型具有精度高、稳定性强、可

比性好的特点，其通过多元变量统计模型和相关算法测算用户满意度指数，既能够有效处理测量误差，又可分析潜在变量之间的结构关系，比传统的平均分或满意率计算的结果更加科学准确。

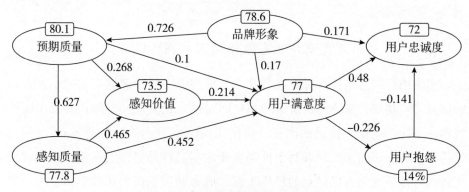

图 1　中国用户满意度指数模型 CCSI

数据来源：中国质量协会、中质国优测评技术（北京）有限公司。

三、开展中国用户满意度指数测评的意义

在全球范围内，用户满意度指数已经成为许多国家和地区的一种新的经济指标和重要参考指标。例如，美国用户满意度指数（ACSI）被证明是公司营收、Tobin's Q（即企业市场价值与资本重置成本之比）、市场增值、净现金流量、现金流动的稳定、消费者支出和国民生产总值增长的导向指示器。对于我国而言，用户满意度指数已成为反映行业宏观经济产出质量和消费信心的重要参考指标，与企业绩效有着密切的关系。

（一）用户满意度测评有利于提高企业的核心竞争力

对行业、企业进行用户满意度测评，不仅可以帮助组织了解用户对产品、服务的满意程度，还可以通过横向、纵向比较，了解行业、企业在用户心中的地位及其发展趋势，并为预测用户需求、寻找企业改进重点提供有效的依据。

（二）用户满意度测评能为消费者提供可靠的质量信息

通过向社会公众发布用户满意度测评结果，能够使广大消费者获取公正、

真实、可靠的质量评价信息，有助于消费者选择符合自身需求的品牌、产品、服务等，进而提高消费者的生活质量和生活水平。同时，用户满意度测评结果也有助于品牌口碑、信誉的传播，能够在市场上形成追求用户满意的良好风气。

（三）用户满意度测评能有效推动用户满意工程

实施用户满意工程能有效践行共享发展理念。用户满意工程的出发点和归宿点就是共享，即让用户告诉用户；同时也是让全民共享用户满意工程的红利——让企业生产优质的产品，提供优质的服务，让消费者放心、舒心、满意。实施用户满意工程有利于推动企业之间进行最惠民的竞争，用户满意工程的目标是成为人民满意的民生工程，成为利国利民的德政工程。用户满意度指数是实施用户满意工程结果检验的标准，结合用户满意度测评结果，把消费者认可的品牌、产品、服务向社会公众进行宣传，同时将企业在实现用户满意过程中的先进经验在行业内进行推广，从而进一步夯实用户满意工程的理论基础、数据基础、实践基础和用户基础。

四、中国汽车用户满意度指数（CACSI）实证分析

为深入了解国内汽车市场需求，客观反映我国汽车行业和主流车型的质量水平，满足广大汽车企业改进质量的要求，维护广大用户的合法权益，中国质量协会、用户委员会从 2002 年开始每年进行一次大规模的汽车用户满意度测评调查。CACSI 是 China Automobile Customer Satisfaction Index 的英文缩写。

中国汽车用户满意度指数（CACSI）测评采用国际通用的结构方程模型测量方法，并在借鉴美国用户满意指数、欧盟用户满意指数的基础上，专门针对中国国情和汽车行业特点而建立的。这种测评方法是根据用户在购买和使用产品过程中的经历、体验与感受，将用户对产品质量的印象、预期以及感知质量、感知价值等诸多因素进行相关分析而建立的一种新的质量评价方法。测评指标体系按五个维度构建，包括总体满意度评价、性能设计评价、质量可靠性评价、售后服务评价和销售服务评价。数据分析结果可以连续监

测中国汽车质量和用户满意度现状，并能全面分析车型在细分市场的竞争优势和劣势以及用户对该车型的质量、满意度方面的具体评价，进一步提出质量和满意度改进点。

中国汽车用户满意度指数测评从 2002 年开始，至今已成功实施 15 年，累计有效面访用户已突破 16 万。中国质量协会、用户委员会组织开展的 2016 年全国汽车行业用户满意度测评，以轿车为主，同时包括了城市多功能运动车（SUV）、商务旅行车（MPV）、微型车、新能源汽车等其他乘用车类别，测评对象为 2016 年销量较大的 176 个品牌车型，涉及全国 50 个汽车生产企业、58 个汽车品牌。调查范围为华北、东北、华东、华中、华南、西南、西北七大市场区域的 65 个主要城市。调查时间为 2016 年 3 月 18 日至 8 月 8 日，调查方式为面访调查，共收集到有效样本 23408 个。调查由中质国优测评技术（北京）有限公司组织实施。

（一）中国汽车用户满意度指数与中国汽车市场发展特点

中国汽车市场发展需要权威的汽车满意度和质量测评，汽车用户满意度指数便是在这一背景下孕育而生的。中国汽车市场已由卖方市场过渡为买方市场，厂商的经营策略也由产品导向转为用户导向。在厂商的培育与引导下，伴随着自身消费与使用经验的积累，中国消费者对汽车的消费观念也由稚嫩趋向成熟，他们对于汽车产品质量与服务的期望不断提高。竞争的加剧使各厂商在了解本品牌用户满意度的同时，还需要了解其他品牌的状况，以评估自身品牌在整个行业中的位置。

过去 15 年的国内汽车市场，经历了前 10 年的高速发展黄金期和后 5 年的低速增长期。自 2001 年年底中国加入 WTO（世界贸易组织）后，国内汽车市场持续增长，年平均增长速度 18%。这一期间增长大致分两个阶段：2002—2011 年这十年为高速增长期，年均增速达到 23%；2012—2016 年为低速增长期，年均增速达到 9%（见图 2）。前一阶段，我国千人汽车拥有量从 20 辆增长到 70 辆。参照日本和韩国发展经验，一般这一阶段汽车市场处于黄金期，增速一般能达到 30% 左右。后一阶段，我国千人汽车拥有量已经达到 100 辆以上，参照国际经验，汽车市场内在需求增速会步入低速增长期。

在高速发展期，我国汽车市场产品种类日益丰富，新车型频出，汽车质量有明显提升，用户的需求和期望易得到满足，满意度水平也会相应快速提高。CACSI 从 2002 年的 71 分增长到 2012 年的 80 分（见图 3），百辆新车故障次数从 2007 年的 283 次下降到 2012 年 122 次，新车故障率从 2007 年的 68.5% 下降到 2012 年的 55.3%（见图 2）。

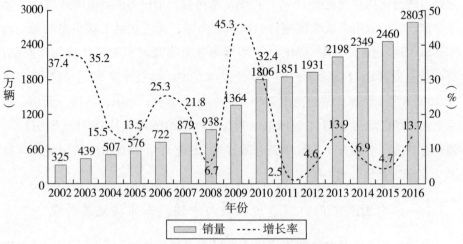

图 2　2002—2016 年中国汽车产业销量及增速

数据来源：中国汽车工业协会。

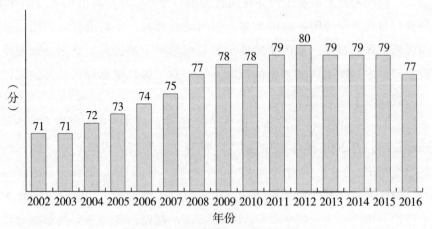

图 3　CACSI 2002—2016 年指数

数据来源：中国质量协会、中质国优测评技术（北京）有限公司。

在低速增长期，客户的需求在不断变化，汽车厂商的产品和技术创新与客户期望差距在拉大，汽车满意度持续上涨的趋势被扭转。用户对汽车实际感受的质量水平要比用户的期望仍有 3 分的差距。最近五年，CACSI 指数呈震荡下行的趋势。汽车质量改善有限，与用户的期望仍有不小的差距。数据显示，百辆新车故障次数从 2012 年的 122 次下降到 2016 年 101 次，汽车故障率从 2012 年的 55.3% 升高到 2016 年 61.9%。此外，合资品牌质量提升遇到瓶颈，自主品牌与合资品牌质量差距在缩小。

从前十年的高速增长到近五年的低速增长也反映了汽车市场结构的内在变化。市场结构的变化改变了市场竞争的手段。市场的增速放缓引起异常激烈的市场竞争。图 4 表明市场竞争导致市场需求向大企业、大品牌、热点车型集中。市场集中度提高反映了用户对品牌的认可和重视，品牌的作用日益突出。我国汽车市场竞争已从价格、质量竞争过渡到以质量为基石的品牌竞争新阶段。品牌形象成为影响满意度的第一要素。由图 5 可知，2015 年品牌形象对满意度影响系数是 0.575。在其他条件不变的情况下，品牌形象每提高 1 分，用户满意度会相应提高 0.575 分。2015 年感知质量对满意度的影响仍较为显著，其对满意度影响系数为 0.552。数据显示，过去五年价格、质量对满意度的影响力呈下降趋势，而品牌形象对满意度的影响力呈明显的上升趋势。单纯的价格促销手段对于客户的吸引作用很有限，消费者选车、买车越来越看重品牌和质量因素。用户购车看重的六大因素是："汽车性能好""质量可靠性高""安全性高""车型好看""品牌知名度"和"舒适性高"。"质量可靠性"从 2014 年开始代替"价格便宜"，连续三年成为用户购车看重的六大因素之一。

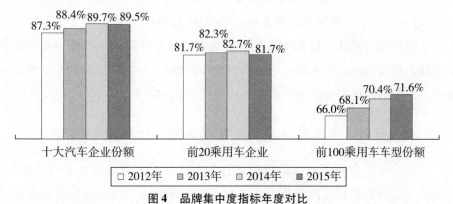

图 4　品牌集中度指标年度对比

数据来源：中国汽车工业协会、中国质量协会、中质国优测评技术（北京）有限公司。

CACSI 模型中，品牌形象是影响满意度的重要结构变量。它由四个维度构成：企业的品牌形象、汽车品牌及车型的品牌形象、品牌知名度和品牌美誉度。企业要赢得用户满意，提升品牌形象，就要根据侧重点改善上述四个品牌要素。

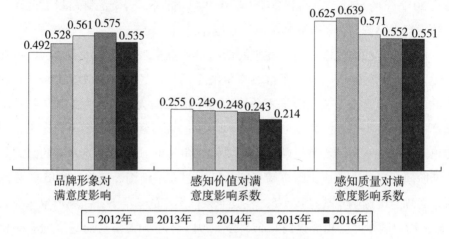

图 5　品牌、价格及质量对满意度影响系数

数据来源：中国质量协会、中质国优测评技术（北京）有限公司。

（二）中国汽车用户满意度指数与国际指数比较

中国汽车用户满意度指数是在借鉴美国汽车满意度指数的基础上，根据中国汽车市场自身特点而建立的模型测评方法，两者具有很强的对比性。经过持续十年的上涨，两者之间的差距由 2002 年的九分缩小到 2012 年的四分。2012 年至今中国汽车用户满意度指数震荡下行的趋势和美国 1995 年至 2005 年 ACSI 比较一致。美国汽车满意度指数在 80 分区间震荡了 11 年。当时美国汽车市场也是开始从价格和质量竞争市场向质量和品牌竞争市场过渡。从满意度指数测评结果研究来看，当前中国汽车市场与美国市场还有 15 年左右的差距。这种低速增长和满意度震荡并行的趋势至少还要维持 10 年（见图 6）。

（三）中国汽车用户满意度指数与车型竞争力判断及提升

中国汽车用户满意度指数既能进行年度比较，又能进行竞争对手比较，这对汽车企业判断和提升竞争力意义很大。该指数能把相关竞争车型放在同一维度并通过一系列指标进行对标比较分析，从中发现特定企业、特定品牌

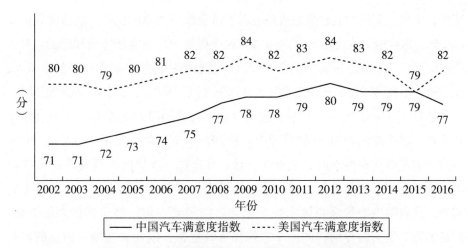

图6 中国汽车满意度指数与美国汽车满意度指数对比

数据来源：美国质量学会、中国质量协会、中质国优测评技术（北京）有限公司。

及特定车型在同一细分市场下的竞争优势和劣势，并能明确找到改进方向（见图7）。

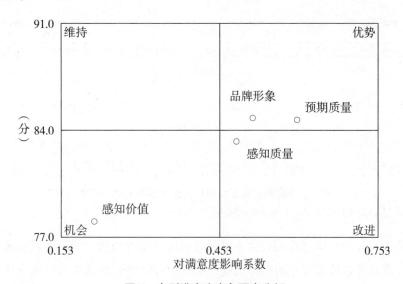

图7 车型满意度竞争要素分析

数据来源：中国质量协会、中质国优测评技术（北京）有限公司。

中国汽车用户满意度指数既考虑汽车品牌、用户预期、用户实际质量感受和市场定价等宏观指标，同时兼顾汽车质量可靠性、性能设计质量、售后服务质量、销售服务质量等微观具体指标。鉴于满意度作为主观感受指标的

— 129 —

特性，中国汽车用户满意度指数还考虑了满意度与期望的比较、满意度和标杆的比较，这样的满意度指数可以相对客观地衡量用户的实际体验和感受。对于特定车型，其较高的满意度水平和较低的抱怨率将会带来用户较高的忠诚度；相应地，车型满意度和忠诚度水平也会体现在该车型的市场表现、盈利能力上。

通过实证分析发现，车型满意度变化率与其销量变化率有一定的直接正相关性，在连续测评的 38 款车型中，近 70% 的车型都呈现这样的规律。如果剔除个别车型存在特别因素或事件干扰，符合这一规律的车型能达到 90% 以上。满意度水平变化率起止时间相对销量变化率起止时间有 3～12 个月滞后周期，这表明当期的满意度水平变化会影响未来一年内该车型的销量变化。较高的满意度会引导用户的换车选择和推荐选择，因此满意度对销量的影响相对要滞后（见图 8）。

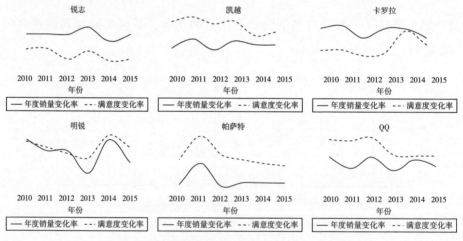

图 8　车型满意度变化对销量变化影响：六个实例

数据来源：中国质量协会　中质国优测评技术（北京）有限公司。

中国汽车用户满意度指数作为国际通用的满意度指数，能够与其他成熟市场汽车满意度指数做有效的国际比较，通过比较能更好地认识我国汽车市场所处的阶段。中国汽车用户满意度指数作为行业综合指数，它能综合反映我国汽车行业满意度、质量水平及市场变化特征；作为企业微观满意度指数，它能衡量汽车企业、品牌及车型的竞争力，对于其提升竞争力也有很大的作用。

（中国质量协会　夏　斌　王文佳　李晓雨）

中经有色金属产业景气指数体系的构建

一、引言

有色金属是当今世界一个国家经济建设、国防建设、社会发展的重要物质基础，是提升国家综合实力和保障国家安全的关键性战略资源。

近年来国内外经济走势放缓，在稳增长、扩内需、调结构的政策措施作用下，国家及地方政府应对金融危机的各项政策措施效果逐步显现，宏观经济政策变化和国际大宗商品市场的起伏以及经济的周期性波动对经济的稳定运行影响巨大。了解有色金属产业经济周期波动的特征，及时地跟踪和分析我国有色金属的运行状态，对促进我国经济建设、国防建设和谐稳定发展具有非常重要的作用，因此运用科学方法准确把握未来经济走势，采取实施有效的产业调控政策显得极为重要。景气指数能全面客观地判定一定时期经济运行所处的状态，反映宏观经济或行业经济运行状态、未来发展方向及变化趋势。

随着社会主义市场经济的深入发展，我国有色金属工业单靠现有的统计指标，已不能满足系统深入分析有色金属产业的生产运营及预测发展趋势的需要。因此，研究创新产业统计指标体系，成为行业主管为政府、为企业提高服务能力，提升统计信息对建设有色金属强国支撑作用的一项重要基础工作。编制有色金属产业景气指数，是指运用理论分析、经验分析、数理统计方法等，对有色金属产业循环波动这一特定的现象进行系统的监测、评价。通过此方法，可以对有色金属工业的运行态势进行综合、全面、系统的分析与判断，对有色金属工业的经济活动过程和现状等一系列指标进行监督和检测，并根据监测结果，对有色金属工业当前景气程度及可能发生的变化提出预测预警。

通过多方面收集与我国有色金属产业经济运行相关的月度经济指标，利用时差相关分析等统计方法筛选出我国有色金属经济运行的先行、一致和滞后指标，并利用国际上先进的合成指数方法构建我国有色金属产业的景气指数。该指数结合主要经济指标的变动对我国有色金属最新景气波动特点进行具体分析，以期为政府相关部门和企业及时把握有色金属产业运行的运行态势，准确判断有色金属经济的未来走势提供帮助。

二、学术界关于景气监测预警体系的基本思路

景气监测预警体系的建立是以大量数据为基础，选择一组反映经济发展状况的敏感性指标，将多个指标合并成综合指标，从而对宏观经济进行全面、系统、综合的分析评价，监测洞察经济运行的异常情况，并通过类似于一组交通管制的红黄绿灯的标志，对分项指标以及综合指标反映的经济状况发出不同的信号，通过观察分析信号的变动来判断未来经济增长的发展走势，便于决策部门针对市场运行采取调控措施。

进行景气监测预警分析，关键是要设计和构建景气检测预警指标体系。景气指数一般包括预警指数、先行指数、一致指数和滞后指数，一般采用预警指数作为反映未来经济运行的景气程度，预警指数把经济运行的状态分为5个级别，"红灯"表示经济过热，"黄灯"表示经济偏热，"绿灯"表示经济运行正常，"浅蓝灯"表示经济偏冷，"蓝灯"表示经济过冷。

经济运行波动的复苏、扩张、收缩和萧条是通过许多经济变量在不同经济过程中不断演化而逐步展开的，以不同的经济变量参与各个阶段的先后顺序，确定一个基准点，并以此为参照点来确定不同变量的先行、同步或滞后的关系。先行指标在整体市场波动之前率先发生变动，预示着一系列先行指标代表的领域或整个市场即将发生的变化，起着预警的作用，对预测经济波动的转折点出现具有重要意义；一致指标反映市场经济的运行结果，正式转折正在发生，同时也用来识别经济波动的波峰与波谷及其到来的时间，对于判断过去历次波动的起止时间起着决定性作用；滞后指标对经济状况的变化在时间上反应缓慢，与同步指标一起来监测经济变动的趋势，可以起到事后

验证的作用。

景气监测预警分析的基本思路如下（见图1）：

（1）对筛选的一系列指标进行无量纲、无趋势处理。

（2）根据已处理好的数据，通过采用时差相关分析、聚类分析、K－L信息量等方法，将指标划分为先行、一致和滞后三类。

（3）对于划分好的先行、一致、滞后指标计算扩散指数和合成指数，其中扩散指数能有效预测经济周期波动的转折点，但无法明确表示经济波动的强弱，合成指数除了能预测经济波动的转折点外，还能在某种意义上反映经济循环变动的强弱。

（4）构建景气预警体系，通过适当的预警界线，对各指标不同时期的指标值进行赋值，计算它们的综合指数，并根据该指数画出由"红灯区、黄灯区、绿灯区、浅蓝灯区、蓝灯区"构成的景气预警信号图，可根据分析信号的变动情况，对市场景气状态进行综合评价。如图1所示。

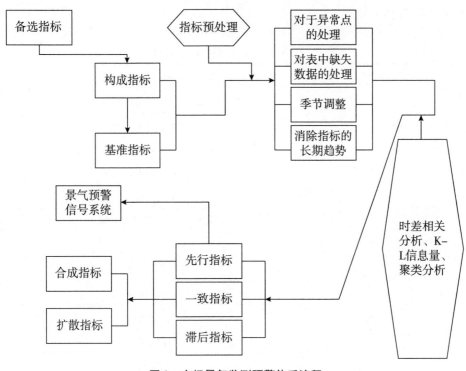

图1 市场景气监测预警体系流程

三、中经有色金属产业景气指数体系的构建

(一) 中经有色金属产业景气指数合成指标的选取

构成并反映有色金属产业景气波动的不仅有有色金属产业内部自身活动，还包括其相关上下游产业以及宏观经济活动。因此在编制景气指数时，收集了与有色金属经济运行相关的月度生产、价格、经济指标以及相关行业指标，之后将收集到的指标进行数据处理，计算相应的增长率序列，并将其进行季节调整，然后利用时差相关分析、K-L信息量法等统计方法筛选出12个景气指标，分别构成我国有色金属先行、一致、滞后指标组。

指标组包括三部分：影响有色金属行业发展的宏观经济指标（广义货币供应量M2等）、有色金属行业主要上下游产业指标（商品房销售面积、汽车产量等）以及有色行业内部指标（十种有色金属产量、主营业务收入等）。具体选用指标体系如表1所示。

表1　　　　　　　　有色金属行业景气系统指标体系表

指标类型	指　　标
先行指标	LMEX（伦敦金属交易所指数）指数
	广义货币供应量（M2）
	汽车产量
	商品房销售面积
	家电产量
	固定资产投资月投资额
	进口额
一致指标	十种有色金属产量
	发电量
	主营业务收入
	利润总额
	出口额

指标类型	指 标
滞后指标	职工人数
	产成品资金
	流动资本余额

（二）编制景气指数方法简介

由于所选指标代表的经济活动是错综复杂的，因此可以通过所选出的先行、一致、滞后指标等合成指数，计算出景气指数。景气指数作为一种实证的景气观测方法，可以用来作为衡量经济波动的尺度。合成指数不仅可以预测经济周期波动的转折点，还可以反映经济周期波动的振幅。目前国际上较为通用的合成指数方法为美国商务部的合成计算方法，具体计算步骤如下：

1. 指标的对称变化率

设指标 $Y_{ij}(t)$ 为第 j 个指标组的第 i 个指标，$i=1$，2，$\cdots$，k_j 是组内指标的序号，k_j 是第 j 个指标组的指标个数，$j=1$，2，3 分别代表先行、一致、滞后指标组。

对称变化率：

$$C_{ij}(t) = 200 \times \frac{Y_{ij}(t) - Y_{ij}(t-1)}{Y_{ij}(t) + Y_{ij}(t+1)}, \ t=2, 3, \cdots, n$$

当指标中有零或者负值时，或者指标是比率序列时，取一阶差分：

$$C_{ij}(t) = Y_{ij}(t) - Y_{ij}(t-1), \ t=2, 3, \cdots, n$$

2. 指标对称变化率标准化

标准化是为了指标在合成指数时不受指标波动性大小的影响。各指标的对称变化率 $C_{ij}(t)$ 标准化要使其平均绝对值等于1。

首先求标准化因子：$A_{ij} = \sum_{t=2}^{n} \frac{|C_{ij}(t)|}{n-1}$；

其次求标准化对称变化率：$S_{ij}(t) = \frac{C_{ij}(t)}{A_{ij}}$，$t=2$，$3$，$\cdots$，$n$。

3. 标准化平均变化率

首先，计算指标组的平均变化率 $R_j(t)$：

$$R_j(t) = \frac{\sum_{i=1}^{k_j} S_{ij}(t) w_{ij}}{\sum_{i=1}^{k_j} w_{ij}}, \ i = 1, 2, \cdots, k, \ t = 2, 3, \cdots, n \ (w_{ij} 是第 j 组$$

的第 i 个指标的权数）

其次，计算指数标准化因子 F_j：

$$F_j = [\sum_{t=2}^{n} |R_j(t)| / (n-1)] / [\sum_{t=2}^{n} |R_2(t)| / (n-1)], \ j = 1, 2, 3$$

最后，计算标准化平均变化率 $V_j(t)$：

$$V_j(t) = R_j(t) / F_j, \ t = 2, 3, \cdots, n$$

4. 初始合成指数

令 $I_j(1) = 100$，则 $I_j(t) = I_j(t-1) \times \dfrac{200 + V_j(t)}{200 - V_j(t)}$，$j = 1, 2, 3$；$t = 2, 3, \cdots, n$

5. 趋势调整

首先，利用复利公式计算一致指标组每个序列各自的平均增长率 G_r；

其次，对先行、一致、滞后的初始合成指数用复利公式计算平均增长率 r_j'；

最后，对三个指标组的标准化平均变化率 $V_j(t)$ 做趋势调整，$V_j'(t) = V_j(t) + (G_r - r_j')$。

6. 合成指标

令 $I_j'(1) = 100$，则 $I_j'(t) = I_j'(t-1) \times \dfrac{200 + V_j'(t)}{200 - V_j'(t)}$，$j = 1, 2, 3$；$t = 2, 3, \cdots, n$

制成以基准年份为 100 的合成指数 $CI_j(t)$：

$$CI_j(t) = [I_j'(t) / \bar{I_j'}] \times 100,$$ 其中 $\bar{I_j'}$ 是 $I_j'(t)$ 在基准年份的平均值。

合成指数可以作为观察宏观经济循环波动轨迹的数量标志参考系。先行合成指数被用来预示未来经济运行轨迹的变动趋势，一致合成指数被用于显示当前经济运行方向和运行力度，滞后合成指数被用来最终确认经济循环的转折点和经济运行的某一状态是否开始或结束。因此合成指数为宏观经济的监测、预测提供了工具。

四、中经有色金属景气信号灯系统编制

编制经济景气监测信号灯系统的总体目标是及时准确地反映经济运行情况和未来走势，揭示经济运行中的各种隐患和问题，对经济的总体状况做出评价和判断。通过一组交通管制红、黄、绿、浅蓝、蓝灯的标识，以直观、生动、形象的方式把监测结果展示出来，对经济周期波动状况发出预警信号，通过观察信号的变化情况，为下一步判断未来经济增长趋势提供信息支持。

编制经济景气监测信号灯系统的基本步骤为：第一，建立一组能够反映经济发展状况的敏感性指标体系。第二，运用有关的数据处理方法将多个指标合并为一个综合性指数，然后通过一组交通管制红、黄、绿、浅蓝、蓝灯的标识，对分指标和综合性指数所代表的经济周期波动状况发出预警信号。通过观察信号的变化情况，来判断未来经济的趋势。

首先，根据有色金属产业经济重要性分析，设定了产量、投资、价格、进出口、产业效益、货币流动性、相关产业运行等运行状况评价方面。

其次，在具体指标选择上，一方面参考国际监测指标选择经验，又融入产业特色。每个评价方面均选择数据来源可靠、稳定性强的关键指标用于反映其运行状况。同时，在产业效益、上下游产业等方面的指标设置上，更多考虑了实际情况。中经有色金属产业景气指标体系如表2所示。

表2 中经有色金属产业景气指标体系

序 号	监测指标	设计角度
1	LMEX 指数	价格水平
2	广义货币供应量（M2）	市场流动性
3	汽车产量	上下游产业需求

序　号	监测指标	设计角度
4	商品房销售面积	上下游产业需求
5	家电产量	上下游产业需求
6	固定资产投资月投资额	投资
7	进口额	经济外向性
8	十种有色金属产量	生产状况
9	发电量	上下游产业
10	主营业务收入	产业效益
11	利润总额	产业效益
12	出口额	经济外向性

五、结论

本文结合中国有色金属产业景气指数体系的构建目标和指标体系设计的一般原则，从产量、投资、价格、进出口、产业效益、货币流动性、上下游相关指标的角度设置，反映出该行业经济走势的景气指标。

（一）中经有色金属产业系统集成经济景气、监测功能

先行指数系统，重点预测经济的转折点，预先对经济复苏和衰退发出预警信号；景气灯号系统，侧重于对所关心的经济领域现状做出评价和判断。这些对于刻画有色金属产业经济运行状况既有定性描述，又有定量分析，从而搭建了有色金属产业经济的"景气—预警—监测"分析平台。

（二）值得探讨的问题

目前，系统中一些时间序列数据由于口径调整等原因不可用，未来探索类似问题的数据调整方法，将这些数据转换为系统可用资源。目前，一些统计指标只有自年初以来的累计统计数或某几个月度数据，没有单独统计的当

期数，如固定资产投资、主营业务收入、利润总额等；本文采用倒减法、比值法等。目前，合成指数的指标均为单一指标，反映的情况比较窄，并且波动明显，可尝试合成各领域综合指数作为先行、同步或滞后指数中的分指标，不断提高系统的稳定性、全面性及预测效果。

对先行指数方法的研究与应用应该是一个长期的、不断探讨分析的过程。在解决现有问题的同时，还需要及时维护系统数据，并不断研究、探索新的方法。

（中国有色金属工业协会信息统计部　张凌洁）

中经有色金属产业月度景气指数解读

2016 年 12 月，中经有色金属产业景气指数为 31.1，较上月回升 1.3 点，突破"偏冷"区域上沿回升至"正常"区域；中经有色金属产业先行合成指数为 86.3，较上月回升 1.7 点；一致合成指数为 79.7，较上月小幅回升 1.1 个点。初步判断，有色金属产业景气指数回升至"正常"区域，但行业运行持续回升格局仍有待进一步巩固。如表 1 所示。

表1　　2015 年 12 月至 2016 年 12 月有色金属产业景气指数

日　期	先行合成指数 （2005 年 = 100）	一致合成指数 （2005 年 = 100）	滞后合成指数 （2005 年 = 100）	景气指数
2015 年 12 月	67.8	65.8	70.9	11.1
2016 年 1 月	69.3	65.8	67.5	12.3
2016 年 2 月	71.7	66.2	63.9	14.1
2016 年 3 月	74.2	67.1	60.8	16.0
2016 年 4 月	75.6	68.0	58.3	17.5
2016 年 5 月	75.9	68.6	56.6	18.6
2016 年 6 月	76.1	69.3	55.5	19.8
2016 年 7 月	77.0	70.4	54.6	21.5
2016 年 8 月	78.4	72.2	53.6	23.5
2016 年 9 月	80.4	74.6	53.0	25.8
2016 年 10 月	82.6	76.8	53.1	27.9
2016 年 11 月	84.6	78.6	54.0	29.8
2016 年 12 月	86.3	79.7	55.8	31.1

一、景气指数首次升至"正常"区域

2016 年 12 月，中经有色金属产业景气指数显示为 31.1，较上月回升 1.3 点。景气指数连续 13 个月回升，目前已回升至"正常"区域，说明有色金属行业复苏趋势已经确立（见图 1）。

在构成有色金属产业景气指数的 12 个指标中，位于"正常"区间的有 8 个指标，包括十种有色金属产量、利润总额、有色金属出口额、LMEX（基本金属指数）、汽车产量、发电量、家电产量和商品房销售面积；位于"偏冷"区间的有 3 个指标，包括 M2、有色金属进口额和主营业务收入；位于"过冷"区间的是有色金属固定资产（见表 2）。

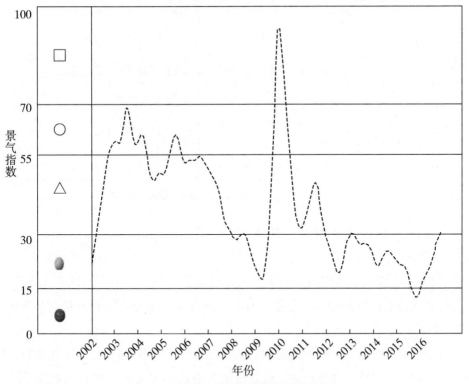

图 1　中经有色金属产业景气指数趋势

注：□表示过热、○表示偏热、△表示正常、◕表示偏冷、●表示过冷。

表 2　　　　　　　　中经有色金属产业景气灯号

指标名称	2015年 12月	2016年 1月	2月	3月	4月	5月	6月	7月	8月	9月	10月	11月	12月
1 LMEX	●	●	●	●	●	●	●	●	●	△	△	△	△
2 M2	△	△	△	△	△	△	△	●	●	●	●	●	●
3 汽车产量	●	●	●	●	●	●	△	△	△	△	△	△	△
4 商品房销售面积	△	△	△	△	△	○	●	●	●	●	●	●	●
5 家电产量	●	●	●	●	●	●	●	●	●	●	△	△	△
6 有色金属固定资产	●	●	●	●	●	●	●	●	●	●	●	●	●
7 有色金属进口额	●	●	●	●	●	●	●	●	●	●	●	●	●
8 十种有色金属产量	△	△	△	△	△	△	△	△	△	△	△	△	△
9 发电量	●	●	●	●	●	●	●	●	●	●	●	△	●
10 主营业务收入	●	●	●	●	●	●	●	●	●	●	●	●	●
11 利润总额	●	●	●	△	△	△	△	△	△	△	△	△	△
12 有色金属出口额	●	●	●	●	●	●	●	●	●	●	●	●	●
景气指数	●	●	●	●	●	●	●	●	●	●	●	●	△

注：□表示过热、○表示偏热、△表示正常、●表示偏冷、●表示过冷。

二、先行合成指数回升幅度平稳

2016 年 12 月，中经有色金属产业先行指数为 86.3，较上月增长 1.7 点。先行合成指数回升幅度持续平稳，有色金属行业产业稳定回升态势逐步显现（见图 2）。

在构成有色金属产业先行指数的 7 个指标中，经季节调整，5 个指标同比上升，LMEX、M2、汽车产量、商品房销售面积和家电产量同比增幅分别为 14.7%、11.4%、22.7%、21.6% 和 13.2%。

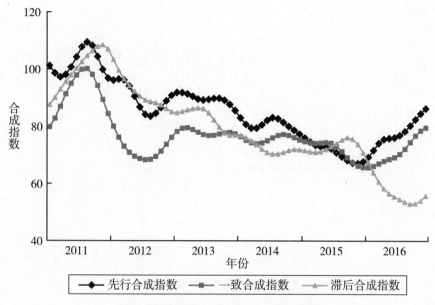

图2　中经有色金属产业合成指数曲线

三、有色金属工业生产维持平稳态势

经季节调整，2016年11月，十种有色金属产量为442.7万吨，同比增长4.7%，增幅较上个月回升0.9个百分点。十种有色金属产量近一年来位于"正常"区间，十种有色金属产品产量增幅稳中有升，整体保持平稳的运行态势（见图3）。

四、投资呈两位数回落幅度

经季节调整，2016年11月，有色金属工业固定资产完成投资额为446.1亿元，同比回落15.3%，该指标自2016年8月以来呈两位数回落幅度。其中，矿山、冶炼和加工项目完成投资均延续下降趋势；私人投资同比下降，国有投资同比增长（见图4）。

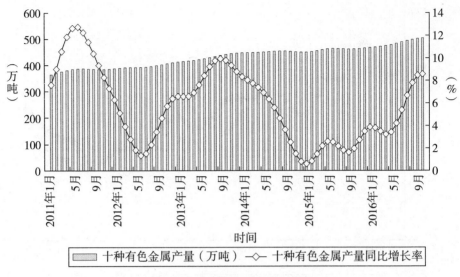

图 3　十种有色金属产量示意图

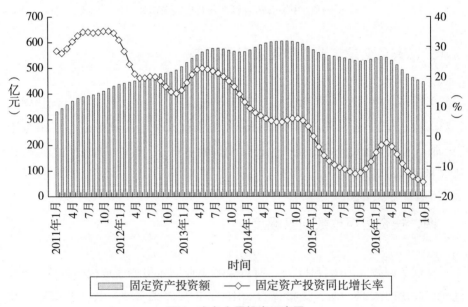

图 4　有色金属投资示意图

五、主要产品价格显著回升，企业经济效益持续向好

经季节调整，2016 年 11 月，伦敦金属交易所有色金属产品价格指数同比回升 79 个百分点，国内市场四种金属现货均价环比 3 升 1 降、同比均有所回

升。12 月，国内市场铜现货平均价为 46033 元/吨，同比上升 28.2%；铝现货平均价为 13261 元/吨，同比上升 24.4%；铅现货平均价为 19684 元/吨，同比上升 49.8%；锌现货平均价为 22083 元/吨，同比上升 68.3%。

有色金属企业主营业务收入增幅稳定。经季节调整，2016 年 11 月有色金属主营业务收入为 4728.8 亿元，同比小幅增长 7.1%。

由于主要产品价格的不断上涨，有色金属企业经济效益也持续向好。其中，实现利润矿山、加工企业增幅扩大，冶炼企业盈利大幅增长，成为拉动规上企业利润增长的主要动因。预计 2016 年规模以上有色金属工业企业（不包括独立黄金企业）实现利润同比增长 30% 左右（见图 5）。

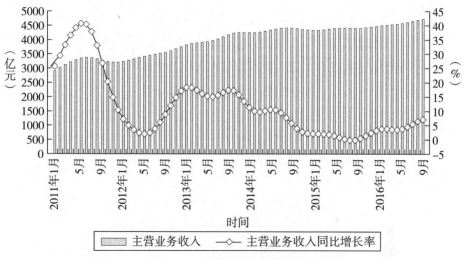

图 5　有色金属主营业务收入示意图

六、有色金属出口额同比增幅扩大

经季节调整，2016 年 11 月，有色金属产品进口额为 62.5 亿美元，同比回落 6.2%，降幅基本与 10 月持平；出口额为 26.7 亿美元，同比回升 27.7%，增幅较上月扩大 4.8 个百分点（见图 6、图 7）。

七、库存持续下行

经季节调整，2016 年 11 月，有色金属行业产成品资金为 1681.8 亿元，

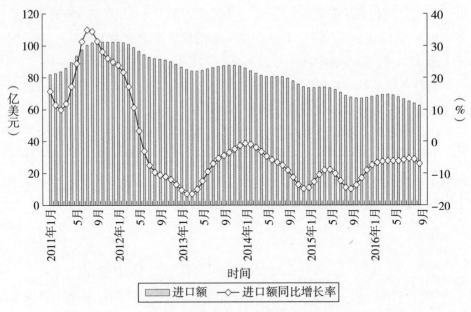

图 6　有色金属进口情况示意图

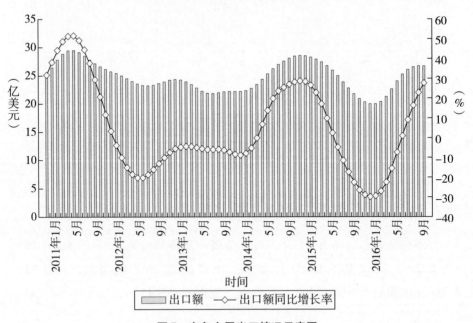

图 7　有色金属出口情况示意图

同比回落 9.4%，降幅较上月收窄 1.7 个百分点。企业虽实施弹性生产，但去产能仍任重而道远（见图 8）。

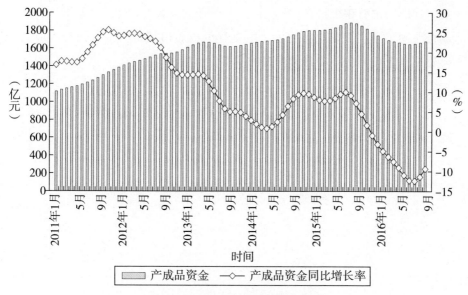

图8　有色金属产成品资金示意图

八、2017 年有色企业效益持续回升基础仍不稳固

从国际局势来看，2017 年，国际经济形势发展的不确定性因素比较多。自特朗普担任美国总统后，美国相继采取了一系列经济刺激政策，英国也在不断要求脱离欧盟，这些情况都增加了全球经济的不确定性。非农数据强势，美元走势强劲，同时美元进入一个震荡偏强的周期。

从国内经济来看，增长动力企稳回升，国内市场供求关系出现改善，但需求疲软现象仍未根本改变。最近一段时期以来，我国市场需求有所回暖，供求关系出现改善，带动了工业品价格一定程度的上涨。同时，国内长期积累的一些结构性矛盾还比较突出，需求扩张的动力仍显不足，不稳定、不确定因素较多。

2017 年，有色金属行业供需矛盾很难出现根本改变：一是随着价格的好转，一些新建及关停电解铝产能开始释放。二是有色金属需求方面仍难有大的起色，房地产和电网相关需求受过年影响明显减弱。三是有色金属价格环比有所回落，有色金属价格底部虽已形成，但短期回调也在所难免。初步判断，2017 年有色金属工业生产继续维持趋稳的态势，规模以上有色金属企业工业增加值增幅有望维持在6%左右，十种有色金属产量保持小幅增长，有色金属行业固定资产投资难有起色，主要有色金属市场价格持续回升的前景仍不容乐观，企业经济效益持续回升的基础仍不稳固。

（中国有色金属工业协会信息统计部　张凌洁）

关于构建中国钢铁行业经济运行
指数体系的研究

一、中国钢铁行业相关指数的基本现状

（一）铁矿石指数

现有铁矿石指数繁多，包括普氏（Platts）指数、环球钢讯的 TSI（The Steel Index 英文字母的简化）指数、金属导报的铁矿石（MBIO）指数等国际指数，和中钢协的 CIOPI（中国铁矿石价格指数）指数、新华社的新华—中国铁矿石价格指数、Mysteel（中文名：我的钢铁网铁矿石价格指数）指数、SHCNOI（钢之家中国铁矿石价格指数）指数等国内指数，每天发布。其中，普氏指数是全球铁矿主流定价依据，TSI 指数也被一些著名交易所、清算行作为清算铁矿石合同的结算价格依据。相比而言，国内铁矿石指数的应用和影响十分有限。

（二）焦煤、焦炭相关指数

国内有关焦煤、焦炭的指数主要有中国煤炭价格指数、全国煤炭市场景气指数和中国焦炭价格指数、卓创资讯焦炭价格指数。如中国煤炭价格指数包括全国 8 个区域、8 个煤种，其中 3 个是炼焦煤品种，每周发布。全国煤炭市场景气指数是反映煤炭市场环境变化的状态指数，包括供求平衡、价格偏异、需求偏异等基础指数，每月发布。中国焦炭价格指数基于焦炭主产地和重点用户，加权测算、每周发布。

（三）钢铁 PMI 指数

钢铁 PMI 指数即钢铁行业采购经理人指数，是由中国物流与采购联合会钢铁物流专业委员会按月编制发布的，其根据国际上通行的做法由五个扩散指数加权进行测算，包括新订单指数、生产指数等，钢铁行业 PMI 指数已逐步成为钢铁行业的重要评价指标和反映景气度变化的晴雨表。

（四）钢材价格指数

国内应用广泛、影响较大的钢材价格指数是中钢协 CSPI 指数，包括综合价格指数，以及长材和板材两大品种价格指数。其中长材有高线、螺纹钢、优碳圆钢、角钢和 H 型钢，板材有中厚板、热轧板（卷）、热轧带钢、冷轧板（卷）和镀锌板。CSPI 指数以 1994 年 4 月的钢材价格为基数，按周发布，是钢铁行业衡量钢材价格水平的重要指标。

二、中国钢铁行业经济运行指数指标设置

目前，国内钢铁行业相关指数众多，但尚没有权威的反映钢铁行业发展总体情况的综合指数，作为国民经济的重要基础产业，钢铁产业的产业链长、关联度高，是工业经济的晴雨表，应筹划构建中国钢铁行业经济运行指数，作为政府、行业、企业决策的参考。

初步考虑，中国钢铁行业经济运行指数包括六大板块，分别是：原燃料板块指数、钢铁生产板块指数、钢材进出口板块指数、钢材价格板块指数、钢铁效益板块指数和钢铁投资板块指数，以上六大板块指数基本涵盖了钢铁生产、贸易、采购、经营、投资等方面，具体各板块指标选取等情况如表 1 所示。

三、中国钢铁行业经济运行指数应用模式

考虑宏观经济指标发布、行业特点、数据采集等因素，中国钢铁行业经济运行指数的编制、发布周期应以季度为单位，最终以行业经济运行灯图的方式对外发布，示意如表 2 所示。

表1　中国钢铁行业各板块指标选取情况

序号	指标名称	单位	意义	选取理由	数据来源	判定标准
一	原燃料板块					
1	铁矿石综合价格变化率	%	表示进口矿、国产矿的价格运行变化	我国钢铁产业的长流程生产占绝对主导，其主要原料就是铁矿石，铁矿石价格应作为反映钢铁产业原燃料市场变化的最主要指标。综合价格指数能够反映进口矿、国产矿的价格总体情况	中国钢铁工业协会网站	变化率大于20%为过热，处于10%到20%为偏热，处于-10%到10%为稳定，处于-20%到-10%为偏冷，处于-20%以下为过冷
2	焦煤、焦炭价格变化率	%	表示焦煤、焦炭价格的运行变化	焦煤、焦炭是钢铁行业重要生产物资，部分企业采购焦煤、部分企业直接外购焦炭，因此需综合考虑二者因素（权重拟合）	国家煤炭工业网；卓创咨讯	
3	废钢价格变化率	%	表示我国市场废钢价格变化情况	废钢是仅次于铁矿石的钢铁工业重要原料，尽管其目前占比不高，但未来重要性将逐步增强	中国冶金网	
二	钢铁生产板块					
4	粗钢季度日产水平变化率	%	表示季度范围内粗钢生产强度变化情况	粗钢产量是衡量钢铁生产水平的关键指标，作为钢铁产业中间环节半成品，起到承上启下作用，是判断钢铁生产的基石	国家统计局	变化率大于10%为过热，处于5%到10%为偏热，

续　表

序号	指标名称	单位	意义	选取理由	数据来源	判定标准
5	生铁季度日产水平变化率	%	表示季度范围内生铁生产情况	生铁是钢铁产业生产的初级产品，生铁产量是衡量钢铁生产水平的重要指标	国家统计局	处于 -5% 到 5% 为稳定，处于 -10% 到 -5% 为偏冷，处于 -10% 以下为过冷
6	热轧材季度日产水平变化率	%	表示季度范围内热轧材生产强度变化情况	钢材是钢铁产业生产的主要成品，热轧材产量可从概貌上基本反映剔除重复因素后的钢材成品生产情况	国家统计局、冶金工业规划研究院	
三	钢材国际贸易板块					
7	钢材进口量变化率	%	表示钢材进口量增减变动方向和幅度的一种动态指标	其生产指数可直接反映我国钢材进口情况；间接反映我国钢材消费变化因素	国家统计局	变化率大于 10% 为过热，处于 5% 到 10% 为偏热，处于 -5% 到 5% 为稳定，处于 -10% 到 -5% 为偏冷，处于 -10% 以下为过冷
8	钢材出口量变化率	%	表示钢材出口量增减变动方向和幅度的一种动态指标	其生产指数可直接反映我国钢材出口情况；间接反映我国钢材消费变化因素	国家统计局	
四	钢材价格板块					
9	CSPI钢材综合价格指数变化率	%	钢材综合价格指数表示国内钢材价格总体水平及变化趋势	代表性强，在钢铁行业内应用广泛	中国钢铁工业协会	变化率大于 30% 为过热，处于 15% 到 30% 为偏热，

续 表

序号	指标名称	单位	意义	选取理由	数据来源	判定标准
10	长材价格指数变化率	%	长材价格指数表示高线、螺纹钢、优碳圆钢、角钢和H型钢的总体价格及变化趋势	对国内长材价格水平有较好的反映	中国钢铁工业协会	
11	板材价格指数变化率	%	板材价格指数表示中厚板、热轧板（卷）、冷轧板、热轧带钢和镀锌板（卷）的总体价格及变化趋势	对国内板材价格水平有较好的反映	中国钢铁工业协会	处于−5%到15%为稳定、处于−20%到−5%为偏冷、处于−20%以下为过冷
五	钢铁行业效益板块					
12	吨钢利润额	元／吨	表示钢铁企业盈利能力与水平的高低	钢铁是规模产业，吨钢利润可大体反映单位钢铁制造的盈利水平	中国钢铁工业协会	高于350元／t为优秀；200～350元／t为良好；50～200元／t为一般；−50～50元／t为较差；低于−50元／t为过差

续 表

序号	指标名称	单位	意义	选取理由	数据来源	判定标准
13	销售利润率	%	销售利润率直接反映出企业的盈利能力	销售利润率是衡量企业市场竞争力、判断盈利水平的重要指标	中国钢铁工业协会	利润率大于5%为优秀；利润率2%到5%为良好；利润率0到2%为一般；利润率-2%到0为较差；利润率低于-2%为过差
14	资产负债率	%	资产负债率直接反映企业的负债水平	资产负债率能反映企业财务负担水平	中国钢铁工业协会	负债率大于70%为严重；债率60%到70%为偏重；债率40%到60%为正常；负债率40%以下为偏轻
六	钢铁行业投资板块					
15	黑色金属冶炼和压延加工业投资增长率	%	表示某一时间段全国黑色金属冶炼及压延业的投资变化情况	黑色金属冶炼及压延业行业范围与钢铁国内投资口径基本相对应，反映国内钢铁行业投资概貌，具有基础性	国家统计局	增长率大于20%为投资过热，处于10%到20%区间为偏热，处于-10%到10%区间为稳定，-10%到-20%区间为偏冷，处于-20%以下为过冷
16	大中型钢铁企业投资增长率	%	表示某一时间段我国重点统计钢铁企业投资变化情况	反映国内重点统计钢铁行业企业投资情况，属于行业统计口径，针对性更强	中国钢铁工业协会	

表 2 　　　　　　　　　　中国钢铁行业经济运行指数表

序号	指标名称	2017Q1	2017Q2	2017Q3	2017Q4	2018Q1	2018Q2
1	原料价格	◐	◐	○	◐	◐	◐
2	焦煤、焦炭价格	▲	▲	◐	◐	◐	◐
3	钢铁生产	▲	○	▲	▲	○	◐
4	钢材国际贸易	○	▲	◐	◓	●	◐
5	钢材综合价格	◐	◐	◐	◐	◐	◐
6	长材价格	▲	▲	●	●	◐	◐
7	板材价格	▲	○	▲	▲	○	◐
8	盈利能力	●	●	○	◐	◐	◐
9	债务水平	○	▲	◐	◐	◐	◐
10	投资情况	▲	○	▲	▲	○	◐
11	综合运行指数	◐	◐	◐	◐	○	○

注：▲表示过热、○表示较热、◐表示稳定、●表示偏冷、●表示过冷。

　　冶金工业规划研究院（以下简称冶金规划院）编制、发布中国钢铁行业经济运行指数具有很多优势：一是熟知钢铁市场变化；二是了解企业发展动态；三是洞悉政策指引方向；四是专业配置齐全完善；五是数据基础扎实可靠；六是立场中性客观公正。

　　冶金工业规划研究院于 1972 年 4 月由国务院批准成立，作为全国首批甲级工程咨询机构，冶金工业规划研究院长期专注于冶金工业及相关领域的各类咨询工作，累计完成了 5000 多个咨询项目，已发展成为具有全球影响力的国际化服务平台，客户群体、合作伙伴遍及世界各地，深得政府部门、银行业金融机构、权威媒体、钢铁企业等各界的信赖与好评。面向未来，冶金工业规划研究院践行"一体两翼、平台支撑"的发展战略，即以"规划咨询"为主体，以"标准引领""智能升级"为两翼，以"世界钢铁论坛"为平台，努力打造全球冶金领域最具权威、最有影响、最受尊敬的顶级智库，为广大客户提供更高价值的优质服务。

（冶金工业规划研究院　李新创）

宝安区电子信息出口行业监测
预警指数建设研究

　　行业景气指数是反映某一特定行业现象所处的状态或发展趋势的一种指标。本文以深圳市宝安区电子信息出口行业为对象，探索编制行业监测预警指数。深圳市宝安区是我国重要的电子信息制造业基地，2010年，宝安区电子信息制造业产值、出口约占全国的1/10，电子信息产品以出口为主。根据数据的可获得性，本文数据跨度为2001年1月至2010年5月。该指数体系的主要功能在于：一是通过计算先行合成的指数（即预警指数），从而预测电子信息行业出口前景；二是计算同步指标合成的监测指数，以期达到监测电子信息出口行业经济运行情况；三是计算出口价格波动指数、出口物量波动指数、出口企业成本波动指数、世界经济景气指数、出口地汇率加权指数等，从而分析电子信息出口行业景气波动的原因所在。

一、宝安区电子信息出口行业周期波动的形态分析

　　电子信息出口行业的统计口径来自于海关进出口贸易数据库，电子信息产品分类标准如表1所示。

　　作为一种产业周期，电子信息出口行业的波动也符合经济周期波动的一般规律，即电子信息出口业的时间序列数据也可以分为长期趋势、景气循环、季节波动和不规则因素（或随机因素）。

表1   电子信息产品分类

类 别	包含产品种类数（种）	产品列示
电子材料	36	其他含硅量不少于99.99%的硅 其他硅 CTP版（计算机用热敏板材），任一边>255mm 7.5cm≤直径≤15.24cm的单晶硅切片 直径>15.24cm的单晶硅切片 其他经掺杂用于电子工业的已切片化学元素等 压电石英 镍合金丝 钨粉 钨丝 钨条、杆、型材及异型材、板、片、带、箔
电子器件	63	车辆后视镜 机动车用中央控制门锁 装有液晶装置或发光二极管的显示板 封闭式聚光灯 科研、医疗专用卤钨灯 火车、航空器及船舶用卤钨灯 机动车辆用卤钨灯 其他卤钨灯 未列名白炽灯泡，P≤200W，V>100V 火车、航空器及船舶用未列名白炽灯泡
电子仪器设备	137	纺织物卷绕、退绕、折叠、剪切或剪齿边机器 生皮、皮革的处理、鞣制或加工机器 装有加热或制冷装置的饮料自动销售机 其他饮料自动销售机 无加热或制冷装置的其他机器 自动插件机 自动贴片机 制造半导体器件或IC的氧化、扩散等热处理设备 其他投影绘制电路图的制造半导体器件或IC的装置 制造半导体器件或IC的等离子体干法刻蚀机

类　别	包含产品种类数（种）	产品列示
电子元件	86	玩具电动机，P≤37.5W 微电机，P≤37.5W，20mm≤机座尺寸≤30mm 其他电动机，P≤37.5W 交直流两用电动机，P＞37.5W 直流电动机及直流发电机，P≤750W 多相交流电动机，P≤750W 玩具电动机和微电机的零件 稀土永磁体 其他金属永磁铁及磁化后准备制永磁铁的物品 其他永磁铁及磁化后准备制永磁铁的物品
广播电视设备	27	音频扩大器 电气扩音机组 装有声音重放装置的盒式磁带型录音机 其他使用磁性媒体的声音录制或重放设备 激光唱机，未装有声音录制装置 其他使用光学媒体的声音录制或重放设备 装有声音重放装置的闪速存储器型声音录制设备 其他使用半导体媒体的声音录制或重放设备 其他声音录制或重放设备 广播级磁带型录像机
计算机和计算机软件	75	品目8442其他的机器、器具及设备 有打/复印及传真两种及以上功能的静电感光机器 其他具有打印、复印及传真两种及以上功能的机器 专用于品目8471所列设备的针式打印机 专用于品目8471所列设备的激光打印机 专用于品目8471所列设备的喷墨打印机 其他专用于品目8471所列设备的打印机 其他单一功能印刷机、复印机及传真机，可连接将原件直接复印的（直接法）静电感光复印设备 将原件通过中间体转印的静电感光复印设备

续　表

类　别	包含产品种类数（种）	产品列示
家用电子电器	148	用气体等燃料的钢铁制家用炊事器具及加热板 电机功率＞0.4，≤5kW 的空气调节器用压缩机 抽油烟机，罩平面最大边长≤120cm 独立窗式或壁式空气调节器 制冷≤4000 大卡/时分体窗式或壁式空调 制冷＞4000 大卡/时分体窗式或壁式空调 装冷热换向阀空调器，制冷量≤4000 大卡/时 装冷热换向阀空调器，制冷量＞4000 大卡/时 其他空气调节器，制冷量≤4000 大卡/时 其他空气调节器，制冷量＞4000 大卡/时
通信设备	43	无绳电话机 手持（包括车载）式无线电话机 对讲机 其他无线网络的电话机 其他电话机 移动通信基站 其他基站 局用电话交换机；长途电话交换机；电报交换机 移动通信交换机 其他电话交换机

注：原始分类中计算机和计算机软件分属两个类别，但计算机软件只包括一种商品，该表中将其归为一类。限于篇幅，这里对每一类产品只列示 10 种产品。

　　长期趋势反映的是产业发展过程中较长时期内的总量变化。电子信息出口行业发展的长期趋势主要受世界经济增长、产业结构升级、技术进步等因素的影响。

　　景气循环是指电子信息出口行业的实际发展与其长期趋势之间的偏差，围绕长期趋势发生的波动，即电子信息出口行业不断从繁荣划向萧条，又从萧条走向繁荣这样一种周而复始的运动过程。影响电子信息出口行业景气循环的主要因素包括世界经济（尤其是主要贸易伙伴国）的周期波动、出口政策的变动等。

　　季节波动是指电子信息出口行业一年之内的活动有规则的变化。电子信息出口行业的季节波动主要取决于需求。

随机波动，电子信息出口行业的发展可能受到各种外生因素的干扰，比如自然灾害、政治风波等。

上述四种波动形态（见图1）中，对电子信息出口行业的景气分析具有理论研究和实践意义的主要是循环波动。

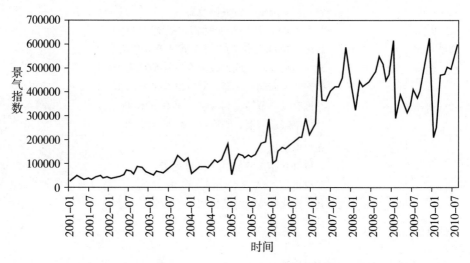

图1　2001年1月—2010年7月宝安区电子信息行业出口周期波动形态

二、指标选择

根据研究目的和数据可得性，这里选择深圳市宝安区月度电子信息出口额指数为基准循环，并将电子信息出口景气情况细分为八个方面，即从出口价格指数、出口物量指数、进口价格指数、进口物量指数、出口企业扩散指数、汇率加权指数、OECD（经济合作与发展组织）领先指数和美国商品进口指数八个方面来反映电子信息出口行业的景气状况（见表2）。

表2　　　　　　　　宝安区电子信息出口行业景气指标

	景气指标	数据来源
宝安区电子信息出口行业景气指数	出口价格波动指数	深圳外贸统计系统
	出口物量波动指数	

	景气指标	数据来源
宝安区电子信息出口行业景气指数	进口价格波动指数	深圳外贸统计系统
	进口物量波动指数	
	出口企业扩散指数	
	OECD 领先指数	OECD 网站
	人民币名义有效汇率	国际结算银行
	美国商品进口指数	美国经济分析局（BEA）

三、数据处理

（一）数据整理和试算

根据数据可得性，原始数据包含了九大类商品（电子材料、电子器件、电子仪器设备、电子元件、广播电视设备、计算机、计算机软件、家用电子电器和通信设备）615 中小类 2001 年 1 月至 2010 年 6 月（共 114 个月）的商品进出口额、进出口价格和进出口量信息，价格物量指数的前提条件是商品具有同质性，但这里原始数据中的商品分类不够细致导致某些商品代码下的商品属性差异较大，原则上讲，同质性商品短时间内（如相邻月份）价格波动不会太大，如果价格波动较大，则说明该商品的同质性较差。通过计算 615 中商品相邻月份的价格波动情况，发现有些商品相邻月份的价格波动超过十倍甚至百倍，如编号为 95049010（其他电子游戏机）、90303320（电阻测试仪，无记录装置）等在很多月份的价格波动超过一万倍，编号为 90308990（未列名用于电量测量或检验的仪器和装置）、90138090（未列名液晶装置和未列名光学仪器及器具）等有些月份价格波动超过千倍，深入分析和询问后认为可能是这些商品的同质性较差，为了稳健起见，这里将价格波动超过 5（即本月价格超过上个月的 5 倍或者低于上月价格的 1/5，共 351 种商品）和超过 10 的商品（共 217 种商品）分别进行了计算，发现结果差异不大，因此为了充分利用好原始资料，不造成太多的信息丢失，这里将价格波动超过 10 的商品剔除后分进行计算和分析。

（二）数据计算

1. 出口额指数

出口额定基指数直接用各月的出口额除以 2001 年 1 月的出口额计算出，计算结果见图 2。该图显示，2001 年至 2007 年，宝安区电子信息行业出口行业呈现出快速增长的态势，2007 年之后，受美国次贷危机以及由此引发的全球金融危机的影响，宝安区电子信息出口呈现高位震荡的态势。

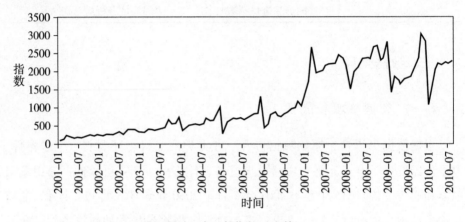

图 2　出口额指数（定基）

2. 价格和物量波动指数

该指数采用连锁性费雪理想指数计算，具体而言，设 P_{t-1}，P_t，P_{t+1}，…，P_{t+n} 为某电子产品在第 $t-1$，t，$t+1$，…，$t+n$ 年的出口价格，Q_{t-1}，Q_t，Q_{t+1}，…，Q_{t+n} 为该电子产品在 $t-1$，t，$t+1$，…，$t+n$ 年的出口量，则 $t-1$ 到 t 年，t 到 $t+1$ 年，$t+1$ 到 $t+2$ 年的费雪价格指数分别为：

$$PI_t^f = \sqrt{\frac{\sum P_t Q_{t-1}}{\sum P_{t-1} Q_{t-1}} \times \frac{\sum P_t Q_t}{\sum P_{t-1} Q_t}}$$

$$PI_{t+1}^f = \sqrt{\frac{\sum P_{t+1} Q_t}{\sum P_t Q_t} \times \frac{\sum P_{t+1} Q_{t+1}}{\sum P_t Q_{t+1}}}$$

$$PI_{t+2}^f = \sqrt{\frac{\sum P_{t+2} Q_{t+1}}{\sum P_{t+1} Q_{t+1}} \times \frac{\sum P_{t+2} Q_{t+2}}{\sum P_{t+1} Q_{t+2}}}$$

将算得的各时期费雪价格指数 PI_t^f，PI_{t+1}^f，PI_{t+2}^f，… 相乘联结（chained），即为连锁性价格指数：

$$PI_t^c = PI_t^f$$

$$PI_{t+1}^c = PI_t^f \times PI_{t+1}^f$$

$$PI_{t+2}^c = PI_t^f \times PI_{t+1}^f \times PI_{t+2}^f$$

……

根据此方法可求得费雪理想出口价格指数（见图3）、费雪理想出口物量指数（见图4）、费雪理想进口价格指数（见图5）和费雪理想进口物量指数（见图6）。

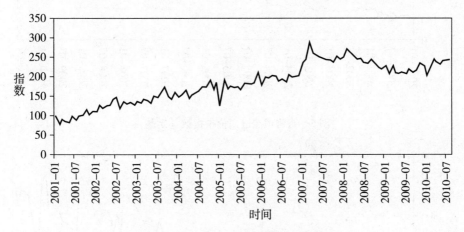

图3　费雪理想出口价格指数（定基）

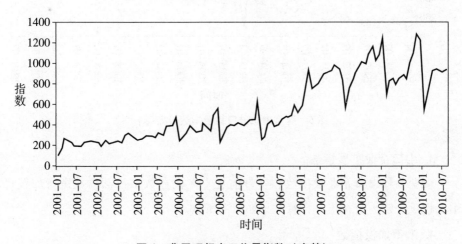

图4　费雪理想出口物量指数（定基）

原则上讲，在物价稳定的情况下，由于技术进步和产品的更新换代，同一种电子产品的价格在长期来看是下降的，但是图6显示宝安区电子信息出口产品价格的长期趋势是上升的，这是电子产品更新换代较快，新产品价格呈现上升趋势的体现。

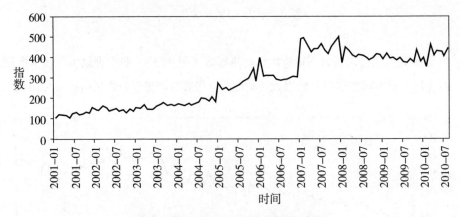

图5　费雪理想进口价格指数（定基）

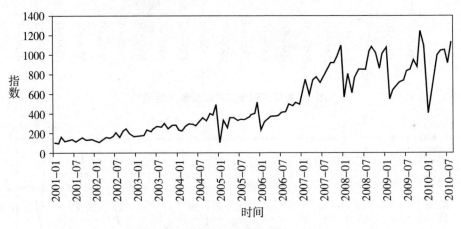

图6　费雪理想进口物量指数（定基）

3. 出口企业扩展指数

根据各月出口企业数指数和各月前五十大企业数出口额指数进行加权得出，权重设定为等权重。计算结果如图7所示。

4. 汇率加权指数

一般来说，本币汇率下降，即本币对外贬值，能起到促进出口、抑制进口的作用；若本币汇率升值，则不利于出口，因此汇率是影响商品进出口的一个重要因素。宝安区电子信息产品的主要出口地包括美国、欧盟、日本和

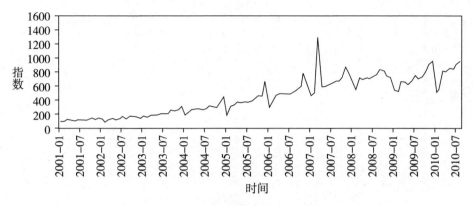

图7 出口企业扩展指数（定基）

中国台湾地区，汇率加权指数就是以各月出口到这四大地区的出口额的比重作为权重，对其汇率进行加权进算得出（见图8）。该图显示 2001 年到 2005 年年初我国加权汇率指数呈现缓慢上升的态势，2005 年下半年汇率改革之后人民币升值压力增大，汇率加权指数开始持续下降。

图8 汇率加权指数（定基）

5. OECD 领先指数

出口企业的业绩很容易受到世界经济景气状况的影响，世界经济繁荣时可以促进已过商品的出口，否则会抑制商品的出口，OECD 领先指数反映了世界经济景气状况的指标，该指标直接由 OECD 网站得到（见图9）。

6. 美国商品进口指数

美国商品进口量的大小在很大程度上可以反映美国经济的发展状况，美国商品进口量的迅速增加往往意味着美国经济的复苏，从而会带动相关国家

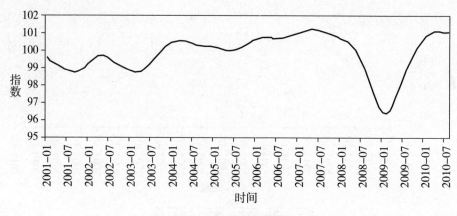

图 9　OECD 领先指数

商品出口的增加，而美国作为世界最大的经济体和宝安区最主要的商品出口地，其商品进口量的大小会对宝安区商品出口有举足轻重的影响。这里以2001 年 1 月为基期，求出美国商品进口定基指数（见图 10）。该图显示 2001年年底到 2008 年上半年美国商品进口量呈现直线上升的态势，之后受全球金融危机影响，美国商品进口量急剧下降，2009 年 5 月探底后又开始迅速回升。

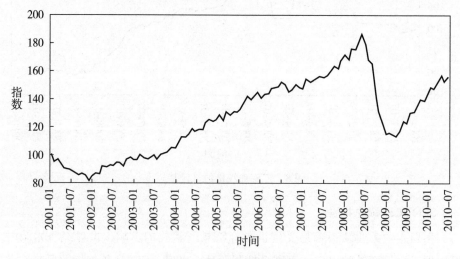

图 10　美国商品进口指数

（三）数据的季节调整

根据上文的数据计算方法，利用 X - 12 方法可以得到季节因素 S、随机因素 I、季节调整后的序列 SA 和趋势循环因素 TC，然后利用 HP（Hodrick -

Prescott）滤波方法分解出趋势因素 T 和循环因素 C。

1. 出口额指数的季节调整结果（见图11）

从出口额指数的季节调整结果看，随机因素的影响仍然比较大，如果剔除随机因素得到趋势和循环因素，并用 HP 滤波法得到趋势因素和循环因素，则可以发现出口额呈现上升态势，2006 年之前波动因素不甚明显，之后波动幅度较大。

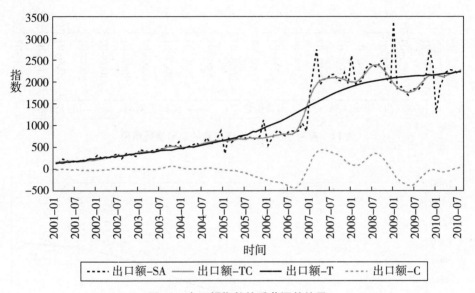

图11 出口额指数的季节调整结果

注：图中 SA 表示季节调整后的出口额指数，TC 表示出口额的趋势和循环成分，T 表示出口额的趋势，C 表示出口额的循环因素。

2. 费雪理想出口价格指数的季节调整结果（见图12）

从出口价格指数的季节调整结果看，出口价格呈现长期上升的态势，2008 年至今有略微下降，这可能是国际金融危机、行业竞争加剧、产品更新换代以及人民币升值等因素综合作用的结果。出口价格指数的循环因素大体与出口额循环因素相同，即 2006 年之前比较稳定，之后波动较大。

3. 费雪理想出口物量指数的季节调整结果（见图13）

出口物量指数的季节调整结果与出口额指数大同小异，这是因为出口额是从金额上衡量出口量，出口量则纯粹反映物量因素，如果排除价格因素的影响，二者反映的是同一问题的不同侧面。

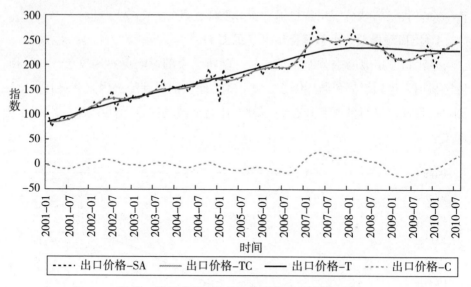

图 12　费雪理想出口价格指数的季节调整结果

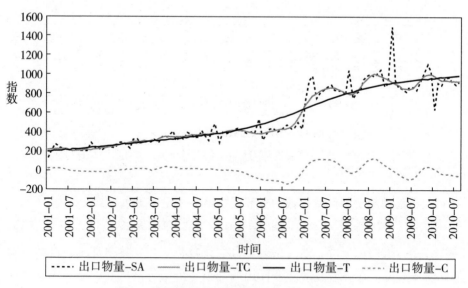

图 13　费雪理想出口物量指数的季节调整结果

4. 费雪理想进口价格指数的季节调整结果（见图 14）

进口价格指数的季节调整结果与出口价格指数基本一致，这主要是由于宝安区电子信息出口行业主要为加工贸易的特点是一致的。

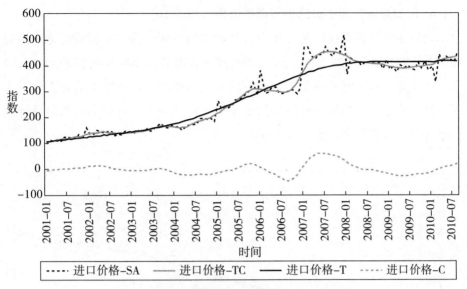

图14　费雪理想进口价格指数的季节调整结果

5. 费雪理想进口物量指数的季节调整结果（见图15）

进口物量指数的季节调整与出口物量指数基本相同，将出口价格指数、进口价格指数、出口物量指数和进口物量指数四大指数的循环因素与出口额指数的循环因素作对比，可以发现它们几乎与出口额指数的波动规律完全一致，即同时到达高峰和低谷，这说明四大指数可以作为出口额指数的同步指标。

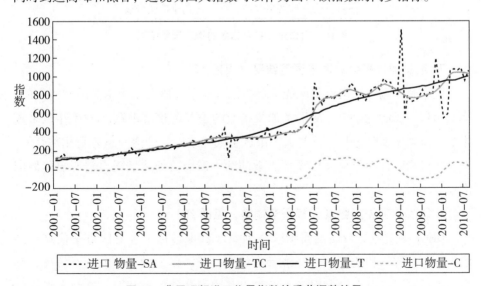

图15　费雪理想进口物量指数的季节调整结果

6. 出口企业扩展指数的季节调整结果（见图16）

出口企业扩展指数作为反映出口企业数的指标，其季节调整的结果同前面五个指数也具有相同之处，即长期呈现上升态势，2006年之后波动开始加大。这主要是由于电子信息加工行业的进入门槛较低，当电子信息出口行业处于景气状态时，必然会有更多的企业加入该行业，而当电子信息出口行业不景气时，会有很多企业退出该行业。

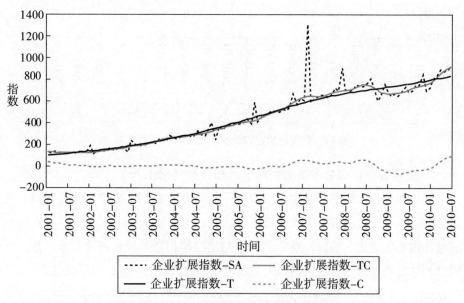

图16　出口企业扩展指数的季节调整结果

7. 汇率加权指数的季节调整结果（见图17）

汇率是影响一国出口状况的重要指标，本币升值会压缩企业的利润空间，降低出口产品的竞争力。从汇率加权指数的季节调整结果看，2005年以来该指数一致处于下降态势，这与人民币近年来一致处于升值的态势是相吻合的，但是如果剔除长期趋势分析循环因素的话，该指数仍然呈现出较明显的周期波动。

8. OECD 领先指数（无须季节调整，见图20）

OECD领先指数反映的是OECD国家（其中包括了宝安区电子信息产品的主要出口国家和地区）的经济景气状况，美国作为世界最大的经济体，其商品进口状况可以在很大程度上反映出美国经济的景气状况，这两大指标可

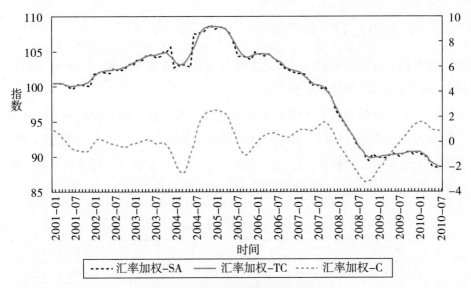

图 17   汇率加权指数的季节调整结果

以在很大程度上反映宝安区电子信息行业的外部需求环境，OECD 领先指数已经代表了经济周期波动的情况，因此无须季节调整。从循环因素来看，二者近三年来的波动态势基本一致。

9. 美国商品进口指数的季节调整结果（见图 18）

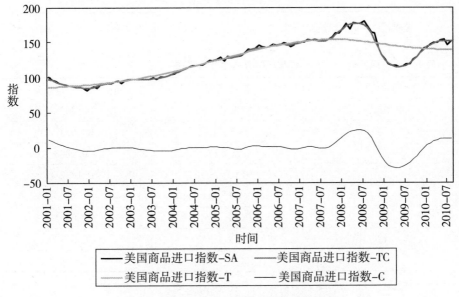

图 18   美国商品进口指数的季节调整结果

（四）先行、同步指标的筛选

时差相关分析结果和 K－L 信息量分析结果分别参见表 3、表 4，先行、同步指标的筛选结果参见表 5。

时差相关分析的结果表明汇率加权指数、美国商品进口指数和 OECD 领先指数可以作为先行指标，其他可以作为同步指标，但 K－L 信息量的结果却显示所有指标为之后指标，这与时差相关分析的结果和实际经济意义都大相径庭，为此，结合峰谷对应法来最后确定先行和同步指标。

表 3 时差相关分析结果

延迟数	被选指标	最大时差相关系数
0	出口价格指数	0.9058
0	出口物量指数	0.9907
－1	进口价格指数	0.9148
0	进口物量指数	0.9704
0	企业扩展指数	0.9328
－12	汇率加权指数	－ 0.3463
－3	美国商品进口指数	0.7700
－12	OECD 领先指数	0.1135

注：延迟数"＋n"代表滞后 n 步，"－n"代表先行 n 步，"0"代表同步。

表 4 K－L 信息量分析结果

延迟数	被选指标	最小 K－L 信息量
12	变量 0114	0.1463
12	USJK_ SA	0.0653
12	QYS_ SA	－ 0.0808
12	HLJQ_ SA	0.1832
12	JKWL_ SA	－ 0.0879
12	JKJG_ SA	－ 0.0351
12	CKWL_ SA	－ 0.0750
12	CKJG_ SA	0.0198

注：延迟数"＋n"代表滞后 n 步，"－n"代表先行 n 步，"0"代表同步。

图 19、图 20 和图 21 显示汇率加权指数、OECD 领先指数和美国商品进口指数的峰和谷都领先于基准循环指标（出口额指数）的峰和谷，因此这三个指标作为先行指标比较合适，而其他指标则为同步指标。

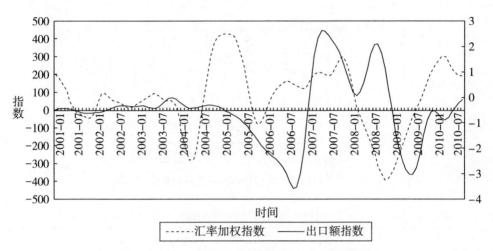

图 19　峰谷对应法—出口额指数与汇率加权指数

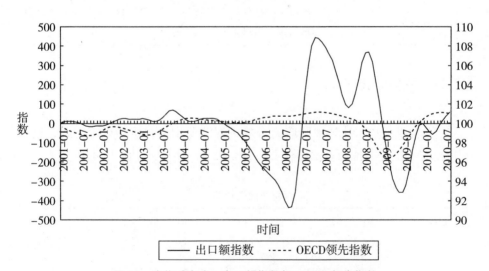

图 20　峰谷对应法—出口额指数与 OECD 领先指数

根据以上分析，最终确定的同步指标和先行指标见表 5。

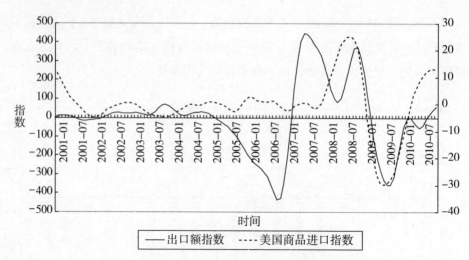

图 21　峰谷对应法—出口额指数与美国商品进口指数

表 5　　　　　　　　　　**先行、同步指标的筛选结果**

指标性质	指标名称
先行指标	加权汇率指数、OECD 领先指数、美国商品进口指数
同步指标	出口价格指数、出口物量指数、进口价格指数、进口物量指数、出口企业扩展指数

四、权重确定

计算合成指数和计算预警监测指数时都涉及指标权重的确定问题，这里利用 AHP（层次分析法）确定权重，首先建立两两比较矩阵（见表 6）。

表 6　　　　　　　　　　　　**两两比较矩阵**

	出口价格指数	出口物量指数	进口价格指数	进口物量指数	出口企业扩展指数	OECD领先指数	加权汇率指数	美国商品进口指数
出口价格指数	1	1	2	2	7	4	4	3
出口物量指数	1	1	2	2	6	5	4	3

	出口价格指数	出口物量指数	进口价格指数	进口物量指数	出口企业扩展指数	OECD领先指数	加权汇率指数	美国商品进口指数
进口价格指数	1/2	1/2	1	1	5	2	3	2
进口物量指数	1/2	1/5	1	1	5	2	3	2
出口企业扩展指数	1/7	1/6	1/5	1/5	1	1/4	1/5	1/3
OECD指数	1/4	1/5	1/2	1/2	4	1	2	1/2
加权汇率指数	1/4	1/4	1/3	1/3	5	1/2	1	1
美国商品进口指数	1/3	1/3	1/2	1/2	3	2	1	1

将两两比较矩阵标准化（见表7）。

表7　　　　　　　　　　标准两两比较矩阵

	出口价格指数	出口物量指数	进口价格指数	进口物量指数	出口企业扩展指数	OECD领先指数	加权汇率指数	美国商品进口指数
出口价格指数	0.2320	0.2510	0.2542	0.2542	0.1918	0.2133	0.1980	0.2169
出口物量指数	0.2320	0.2510	0.2542	0.2542	0.1644	0.2667	0.1980	0.2169
进口价格指数	0.1160	0.1255	0.1271	0.1271	0.1370	0.1067	0.1485	0.1446
进口物量指数	0.1160	0.0502	0.1271	0.1271	0.1370	0.1067	0.1485	0.1446
出口企业扩展指数	0.0331	0.0418	0.0254	0.0254	0.0274	0.0133	0.0099	0.0241
OECD指数	0.0580	0.0502	0.0636	0.0636	0.1096	0.0533	0.0990	0.0361
加权汇率指数	0.0580	0.0628	0.0424	0.0424	0.1370	0.0267	0.0495	0.0723
美国商品进口指数	0.0773	0.0837	0.0636	0.0636	0.0822	0.1067	0.0495	0.0723

两两比较矩阵进行一致性检验可得：$CI = 0.087$ $CR = 0.06 < 0.1$，说

明两两比较矩阵的一致性可以接受，由此可得各指标权重（见表8），在缺少企业家信心指数的情况下，这里将其他六个指数进行归一化处理，得到其权重。

表8 宝安区电子信息出口行业景气指数的设计

（单位:%）

性　质	板块权重	指标名称	板块内权重	指标权重
同步指数 （监测指数）	79.29	出口价格指数	29.83738	23.66
		出口物量指数	30.22664	23.97
		进口价格指数	18.14522	14.39
		进口物量指数	17.01488	13.49
		出口企业扩散指数	4.775883	3.79
先行指数 （预警指数）	20.71	OECD 指数	32.331	6.70
		加权汇率指数	29.89248	6.19
		美国商品进口指数	37.77652	7.83

注:"板块权重"是指预警指数和监测指数两个板块在总指数中的权重，"板块内权重"是指各指标在两个板块中所占的权重，"指标权重"指各指标在总指数体系中的权重，即指标权重等于"板块权重"与"板块内权重"的乘积。最后一列是含企业家信心的指标权重。

从表8中各权重系数可以看出，在构成景气（预警监测）指数的两大板块中，预警指数（先行指数）的权重为20.71%，监测指数的权重为79.29%，具体从每个指标来看，出口价格指数和出口物量指数对景气指数的影响最大，合计超过47.5%，最能反映电子信息出口行业的发展波动情况；其次是反映行业成本的进口物量指数和进口价格指数，其权重合计超过27.5%；作为先行指标的OECD指数、加权汇率指数和美国商品进口指数的合计权重超过20%，能在一定程度上反映电子信息出口行业的未来走势。

五、合成指数的计算

根据合成指数的计算方法计算得到先行指数和同步指数（见图22），从先行指数和合成指数的走势来看，先行指数的图形比同步指数的图形领先大

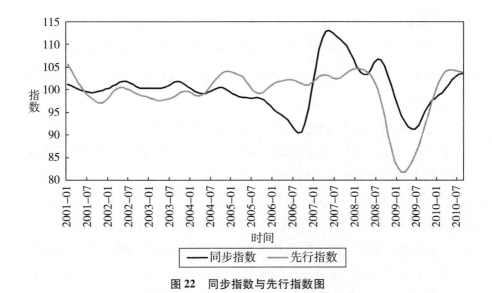

图 22　同步指数与先行指数图

概 3 个月到半年，如 2008 年 1 月先行指数率先达到顶峰后 2008 年 7 月同步指数也达到顶峰，2009 年 2 月先行指数率先达到谷底后 2009 年 6 月同步指数也达跌至谷底。2009 年 2 月到 2010 年 6 月先行指数保持增长态势，不过后期受人民币升值以及美国进口增速放缓等因素影响，先行指数的上升态势有所放缓，对应的同步指数也是先保持了快速增长的态势，之后增速放缓。

六、预警监测指数的计算结果

根据 HP 滤波可以计算得到各指标的循环因素 C，但是由于各指标量纲的不一致，导致无法进行直接比较，为此对循环因素 C 进行正态标准化处理，具体公式为：

$$CLI_{it} = \frac{C_{it} - \bar{C}}{\sigma_i} \times 10 + 100$$

其中，CLI_i（climate index）表示第 i 个指标的景气指数，C_i，$\bar{C}$，σ_i 分别表示第 i 个指标的循环波动，循环波动均值和标准差。

这样就把各景气指数转换为均值为 100，标准差为 10 的指数。根据前面的预警监测区间，可得（ $-\infty$，80］为蓝灯区，（80，90］为浅蓝灯区，（90，

110］为绿灯区，（110，120］为黄灯区，（120，+∞）为红灯区。

根据上述循环波动的计算结果可以得出八大景气指数，利用层次分析法确定的权重可以得到宝安区电子信息行业综合景气指数：$CLI = \sum\limits_{i=1}^{8} \omega_i \times CLI_i$。具体结果为：

1. 监测指数—电子信息行业出口价格波动监测指数

从图 23 可以看出，出口价格在 2001 年至 2005 年上半年保持平稳发展，表现为同期指数图形在正常区内并且围绕 100 上下波动；之后一年左右时间内，即 2005 年下半年至 2006 年下半年，出口价格下行，甚至在 2006 年之后进入浅蓝灯区，究其原因，大概是因为 2005 年下半年我国启动汇率改革，人民币开始升值，由此导致短期内价格竞争力下降，需求下降因而出口价格下降。之后，价格开始一路攀升，2007 年至 2008 年上半年都维持在微热区内，甚至在 2007 年 3—6 月达到过热区。从 2008 年下半年开始，由于受美国次贷危机引发的全球经济危机影响出口需求下滑，价格急剧下降，穿过正常区进入浅蓝灯区并于 2009 年 3 月、4 月探底，过后价格又进入上涨趋势并于 2010 年 6 月进入黄灯区。

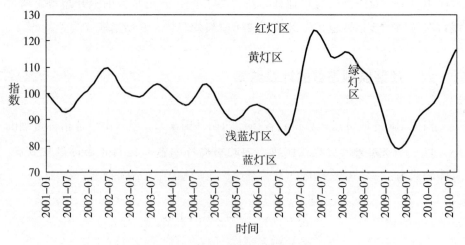

图 23 出口价格波动监测指数

2. 监测指数—电子信息行业出口物量波动监测指数

由图 24 可知，出口物量波动情况和出口价格波动情况总体是比较一致的，表现为 2001 年至 2005 年上半年保持平稳发展，之后一年时间内出口物

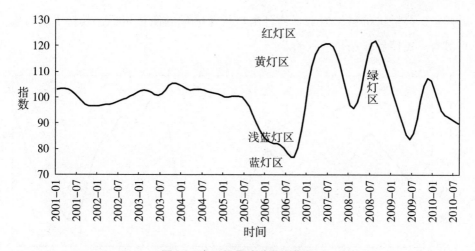

图 24   出口物量波动监测指数

量下滑，于 2006 年 8 月到达最低点，进入蓝灯区，之后又恢复上涨趋势，在 2007 年达到过红灯后，经过一阵的调整，于 2008 年 8 月再次进入红灯区。从 2008 年下半年开始受经济危机影响，出口物量下滑直至进入浅蓝灯区，直至 2009 年下半年才回温，进入正常区，2010 年年初至今出口物量又有所下降。

3. 监测指数—电子信息行业进口价格波动监测指数

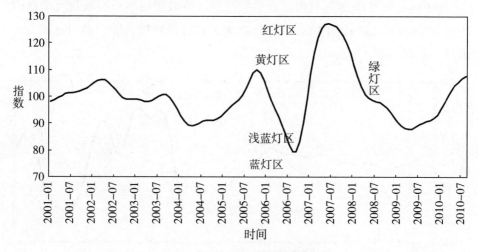

图 25   进口价格波动监测指数

由图 25 及图 26 可以看出，进口价格指数波动与出口价格指数波动情况趋势较为一致，总体上来说，进口价格指数波动要领先于出口价格波动小幅时间，这与进口价格作为电子信息出口行业成本的衡量指标，其对于出口价格具有一定传导作用是一致的。

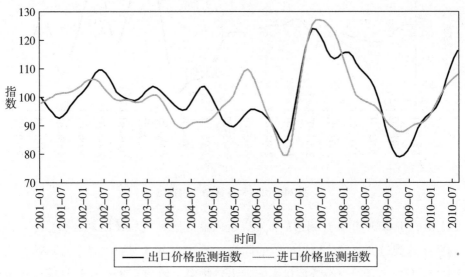

图26 进出口价格监测指数比较

4. 监测指数—电子信息行业进口物量波动监测指数

从图27及图28可以看出，进口物量景气指数图与出口物量景气指数图的重合度很高，这与电子信息出口行业加工贸易的性质，即"进口—加工—出口"流程，是一致的。

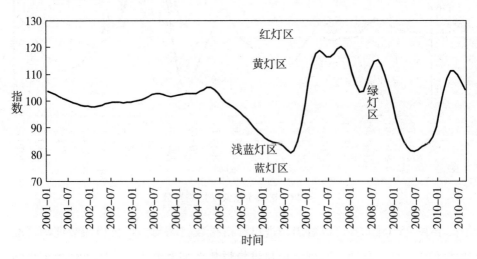

图27 进口物量波动监测指数

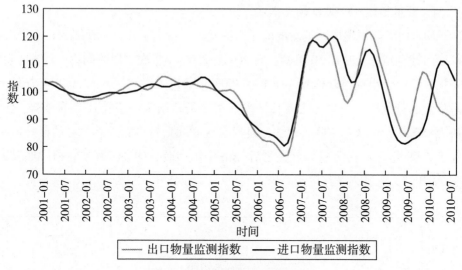

图 28　进出口物量景气指数比较

5. 监测指数—出口企业扩散指数

出口企业扩散指数作为反映出口企业数的指标，从图 29 可以看出，在 2001—2007 年，出口企业数保持稳定发展，企业扩散数保持在正常区内，从 2007—2008 年上半年企业数加快增加，表现为该时期内指数多在微热区内，甚至于 2008 年 7 月、8 月进入过热区。之后受经济危机引发的出口需求下滑，指数骤然下降至蓝灯区，从 2009 年 7 月开始指数急剧攀升并于 2010 年 5 月、6 月进入红灯区。

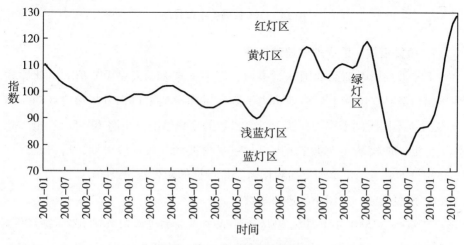

图 29　出口企业扩展监测指数

6. 预警指数—OECD 领先指数

OECD 综合领先指标是衡量世界经济发展，特别是北美、欧洲和日本经济发展的综合指标。从图 30 可知，在 2001—2007 年年底这段时间内，OECD 领先指数呈缓慢小幅上升趋势，甚至在 2007 年后进入微热区。自 2008 年开始，由于受次贷危机，美国、欧洲及日本等主要发达国家经济受到严重影响，反映为 OECD 指标快速下降，很快穿过绿灯区和浅蓝灯区，进入罕见的蓝灯区，并于 2009 年 2 月到达最低点，之后经济稳步回暖，OECD 指标也相应回升，于 2010 年 2 月进入黄灯区至今。

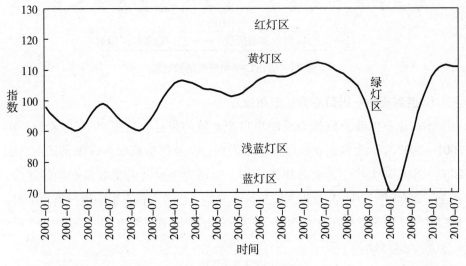

图 30　OECD 领先指数趋势

7. 预警指数—汇率加权波动指数

汇率波动影响商品的国际竞争力，汇率下降表示人民币升值，由此导致我国出口商品在国际上价格竞争力下降，进而导致出口物量的相应变动。图 31 反映了不同时间汇率加权波动景气指数的变化情况。由图 32 可以看出，总体上，汇率加权景气波动要比出口物量景气波动先行一段时期，这与经济事实是相符的，也与汇率加权指数作为先行指标的初衷是一致的。

8. 预警指数—美国商品进口指数

图 33 显示 2001 年 1 月至 2007 年年底美国商品进口指数在 100（绿灯区）附近平稳运行，2008 年年初开始迅猛增长，半年时间内由绿灯区迅速上升至红

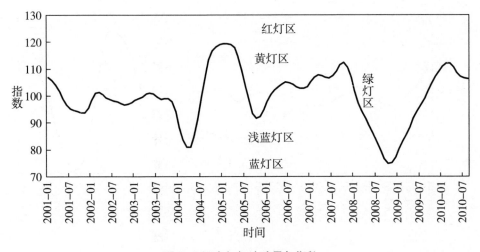

图31　汇率加权波动景气指数

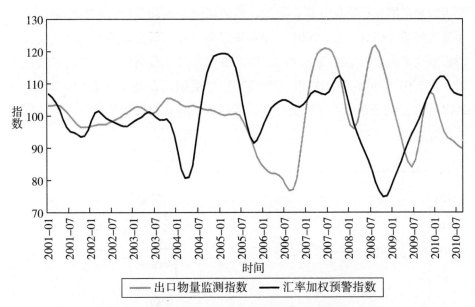

图32　汇率加权景气指数与出口物量景气指数趋势比较

灯区，之后受次贷危机和全球金融海啸的影响，美国商品进口指数急剧下降，到 2009 年中叶跌至蓝灯区，之后又开始快速上升，2010 年 6 月尚处于黄灯区。

9. 综合预警监测指数

图 34 显示预警指数、监测指数和预警监测指数在多数时间里的波动趋势是高度一致的，但是相比较而言，预警指数具有一定的先行性，这是由于预

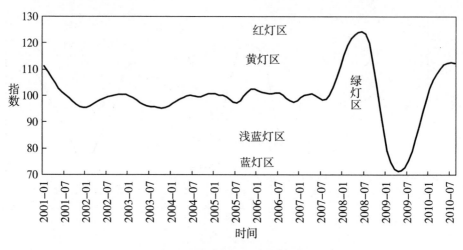

图33 美国商品进口预警指数

警指数是根据先行指标计算得出的，监测指数是由同步指标计算得到的。从预警监测综合指数来看，2005 年之前该指数在绿灯区平稳运行，之后受人民币汇率改革的影响呈缓慢下降的态势，2006 年处于浅蓝灯区，之后又快速上升，于 2007 年年底达到峰值（黄灯区）后受国际金融危机影响震荡下行，2009 年 5 月跌至最低谷（浅蓝灯区）后迅速反弹，目前处于黄灯区并呈现上升态势。

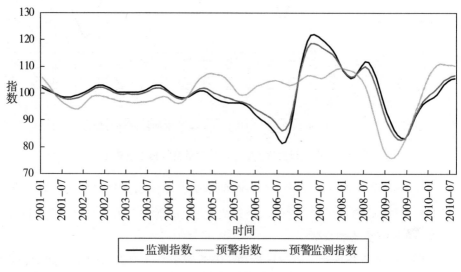

图34 综合预警监测指数

综合上面的比较，可以发现：

（1）2001 年至 2005 年上半年，电子信息出口行业保持稳定发展，表现为指数图形在正常区内并且围绕 100 循环小幅波动，这主要是由于经济平稳变化，同期内同步指标平稳循环波动。

（2）自 2005 年下半年至 2006 年上半年，综合预警指数下滑并于 2006 年后进入微冷区，究其原因可以归结为同期我国启动汇率改革，人民币升值，短期内对出口行业造成一定消极影响。

（3）2006 年下半年开始至 2007 年年底电子信息行业开始快速发展，由微冷区一路攀升，2007 年整年处于微热区，主要原因是：一方面，之前汇率改革引起的出口企业优胜劣汰机制发挥作用，企业更注重提高产品质量，产品竞争力提高；另一方面，作为主要出口目的地的欧洲、美国和日本经济发展势头好，表现为 OECD 指数上升并进入微热区，由此导致出口需求旺盛。

（4）从 2008 年年初到 2009 年上半年，综合预警指数下滑并进入微冷区。2008 年的经济危机导致主要出口目的地经济疲软，需求下降，表现为出口和进口物量急剧减少，而出口企业由于产能过盛，供大于求，出口价格也大幅下降，不少出口企业面临经济寒冬，倒闭破产，出口企业指数下滑至过冷区。

（5）从 2009 年下半年开始，综合预警指数开始一路攀升，截至 2010 年 6 月已达到正常区顶部。经济危机引起全球经济体纷纷采取措施刺激经济并渐渐取得成效，表现为进入 2009 年后 OECD 指数不断上升，由过冷区升至微热区。经济的回暖带动出口需求的增加，表现为进出口物量和价格都升高，出口企业数也由过冷区上升到过热区。

如果用信号灯法表示所得的结果，则可参照表 9。

表 9　　　　2009 年 7 月至 2010 年 8 月宝安区电子信息出口行业
预警监测指数信号灯

时间\指标	2009-07	2009-08	2009-09	2009-10	2009-11	2009-12	2010-01	2010-02	2010-03	2010-04	2010-05	2010-06	2010-07	2010-08
出口价格景气	●	●	●	●	●	●	●	●	●	●	●	○	○	○
出口物量景气	●	●	●	●	●	●	●	●	●	●	●	●	●	●
进口价格景气	●	●	●	●	●	●	●	●	●	●	●	●	●	●
进口物量景气	●	●	●	●	●	●	●	●	○	○	●	●	●	●
出口企业指数	●	●	●	●	●	●	●	●	●	○	▲	▲	▲	
汇率加权指数	●	●	●	○	○	○	○	●	●	●	●	●	●	●
OECD领先指数	●	●	●	●	●	●	●	●	○	○	○	○	○	○
美国商品进口指数	●	●	●	●	●	●	●	●	○	○	○	○	○	○
预警监测指数	●	●	●	●	●	●	●	●	●	●	●	●	●	●

注：▲过热、○偏热、●稳定、●微冷、●过冷。

（深圳市宝安区发展研究中心　王泽填　戚晓曜）

重庆市企业发展环境指数体系建设研究

一、基本结论

在 2014 年、2015 年已经形成的调查分析机制的基础上，2016 年对 1257 份企业调查问卷进行了监测分析。基本结论是：2016 年重庆市企业发展环境总指数 66.2，比 2015 年提升 2.9，总体呈现环境改善、趋势向好特征（见图 1）。

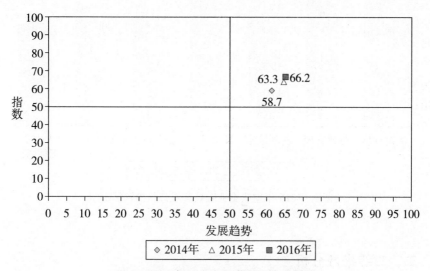

图 1　2016 年重庆企业发展环境总指数

推动 2016 总指数上升的主要因素是"企业负担""金融服务"和"人力资源供应"三项二级指数，其中"企业负担"和"金融服务"指数分别为 55.1 和 50.9，分别比 2015 年提升 6.5 和 6.7，首次实现"负面"到"中性"的历史突破。"人力资源供应"指数为 48.8，比 2015 年提升 9.2，改善程度为七项二级指数之首。三项指数大幅提升，反映出重庆供给侧结构性改革措施扎实有效。

总指数下属七项二级指数中，"法制环境""行政管理"指数表现突出，分别为85.4和83.9，"基础设施"指数表现正常，为69.9，三项指数比上年均微弱降低，但仍处于正面的较高区域。"社会环境""企业负担""金融服务"和"人力资源服务"四项二级指数呈现不同程度的提升，其中"社会环境"指数比上年提高0.8，为69.4；"企业负担""金融服务"指数为55.1和50.9，分别比上年提升6.5和6.7，对总指数的影响转为中性正面；"人力资源服务"指数48.8，虽然比2015年明显改善，但仍低于荣枯分水线（见图2）。

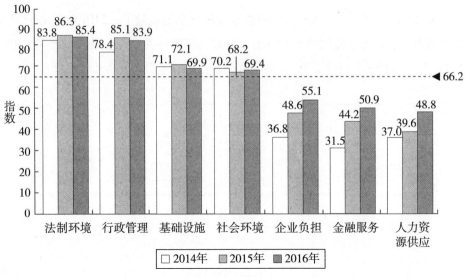

图2　2016年重庆企业发展环境二级指数情况

二、二级指数分析

（一）法制环境

2014年以来，"法制环境"指数持续保持正面状态，2016年评价结果为85.4，略低于2015年的86.3，变化趋势指标为79.4，远高于50的中性标准。企业对重庆"法制环境"持正面肯定评价（见图3）。

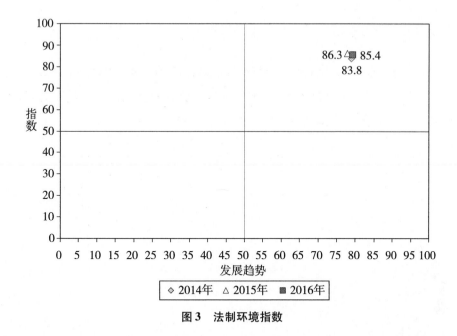

图3　法制环境指数

指标表明重庆企业发展法制环境公正、透明，企业合法权益能得到有效保障。

权益保障、执法公正、知识产权保护共同促进了良好法制环境的形成。"法制环境"指数三项影响因素均高于80，其中"生命财产安全"评价结果最高，达到88.8；"执法情况"指数为84.4；"知识产权保护"指数为83.8（见图4）。

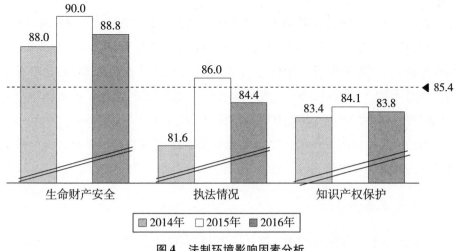

图4　法制环境影响因素分析

（二）行政管理

2016重庆市"行政管理"指数评价结果为83.9，略低于去年的85.1，变化趋势指标为82.5，远高于50的中性标准，更为便捷的商事环境正在形成，"行政管理"总体上获得企业正面评价（见图5）。

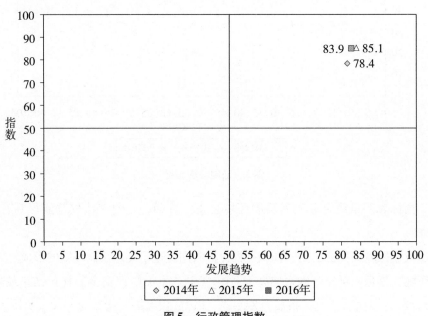

图5　行政管理指数

廉洁公正、公开透明和服务态度获得好评，办事效率满意度进一步提升。"行政管理"指数下属七项指数中，"廉洁守法"指数为87.4，"行政执法"指数为86.2，"赞助摊派"指数为84.6，"服务态度"指数为84.5，"公开透明"指数为83.6，"承诺履行"指数为82.0，指数均高于80，但不同程度地小幅回落；"办事效率"指数为81.4，比上年提升1.7（见图6）。

指标说明，重庆市政府高度重视企业商事环境的改善，企业认为行政审批手续公开透明、方便高效，整体评价积极、正面，满意度较高。

（三）基础设施

"基础设施"指数为69.9，略低于2015年71.1的评价；变化趋势指标评

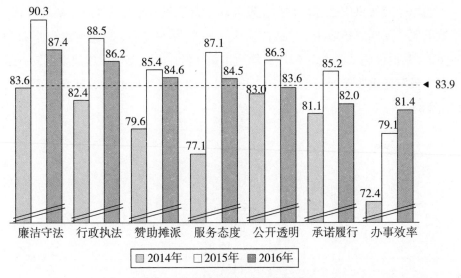

图6 行政管理指数影响因素分析

价结果为68.2，高于50的中性标准。"基础设施"环境得到了多数企业的好评。（见图7）

重庆基础设施投资建设对企业经营保障力度较高，随着经济快速发展，尤其是渝东南等地区，改善力度和企业需求还存在一定缺口。

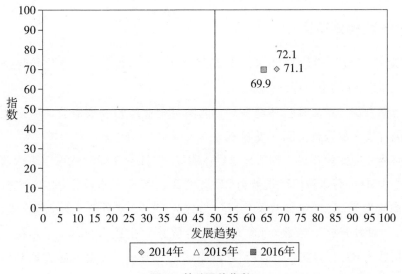

图7 基础设施指数

能源、交通供应稳定，对企业发展环境指数具有正面影响。"基础设施"指数下属三项四级指数中，"能源供应"指数为74.3，"交通运输"指数为69.6，"其他设施"指数为65.9，均为正面评价。重庆基础设施建设投资占固定资产投资比重多年保持在25%以上，对企业发展环境总指数具有正面影响（见图8）。

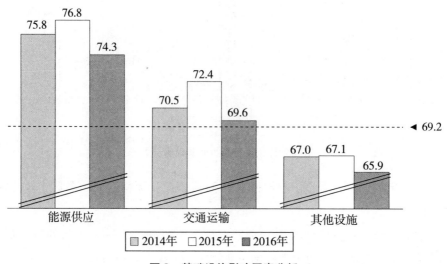

图8　基础设施影响因素分析

（四）社会环境

"社会环境"指数为69.4，比2015年68.2小幅上升，变化趋势指标为64.7，高于50的中性标准。

指标表明，重庆社会环境良好，能满足企业经营发展需要，但企业发展环境仍有较大的改善空间（见图9）。

商业环境评价积极、创新环境优化明显。"社会环境"八项四级指数均高于65，其中"商业诚信"指数为72.3，"重商亲商"指数为72.2，"扶持创新"指数为70.8，"创新政策兑现"指数为69.9，"外资支持力度"指数为68.5，"对外开放"指数为68.5，"中介服务"指数为66.6，"退税通关效率"指数为65.7，均为正面评价。其中"对外开放""退税通关效率"指数下降，比2015年分别降低1.6和5.3，企业满意度有所下降。创新环境明显

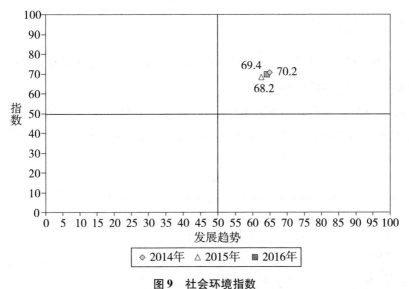

图9 社会环境指数

改善，"扶持创新""创新政策兑现"指数比2015年分别提升1.4和2.5，企业认为重庆创新氛围较好，政策兑现率高（见图10）。

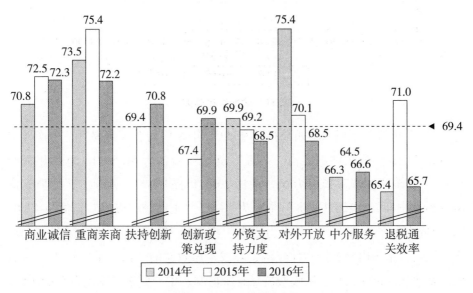

图10 社会环境影响因素

（五）企业负担

"企业负担"指数为 55.1，比 2015 年提升 6.5，扭转了负面状态，发展趋势指标 47.8，略低于 50 的中性标准。

指标说明，重庆供给侧结构性改革及降成本举措让企业有所获益，企业负担压力明显缓解，在经济增速换挡期，减负举措还需大力推进（见图 11）。

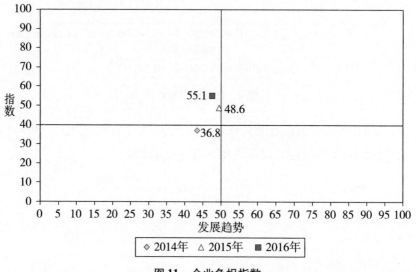

图 11　企业负担指数

"企业负担"下属六项四级指数和 2015 年相比均有大幅提升，生产要素类指标依然是企业关注的焦点。"税赋负担"指数为 51.5，比 2015 年提升 5.3；"行政性收费"指数为 68.7，比 2015 年提升 3.7；四项"生产要素成本"指数中，"水电煤气成本"指数为 48.0，"土地场租成本"指数为 47.8，"物流成本"指数为 46.9，"人力成本"指数为 37.2，平均指数提升 10.35。指标说明，重庆出台支持实体经济、降成本增效益的"组合拳"取得明显成效。企业认为税赋减轻、乱收费情况有所遏制、生产要素成本压力有所缓解，但经济下行压力下，上述四项生产要素成本的指数依然是企业对"企业负担"指标评价的主要负面原因（见图 12）。

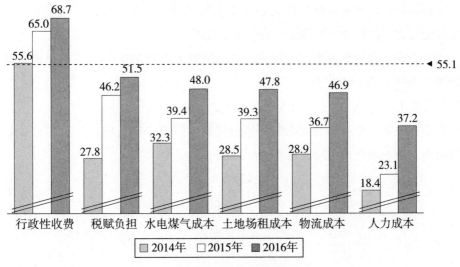

图12　企业负担指数

（六）金融服务

"金融服务"指数为 50.9，比 2015 年提升 6.7，由"负面"转变为"中性"，变化趋势指标评价结果为 55.9，接近 50 的中性标准。（见图13）

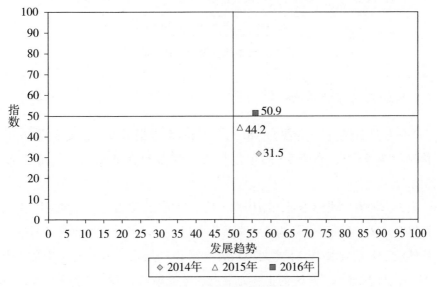

图13　金融服务指数

指标显示，重庆金融环境优化改革取得了成效，在一定程度上缓解了企业资金压力，但距企业的期望仍有较大的差距。

融资难、融资贵尚未彻底解决。"金融服务"指数下属三项四级指数和2015年相比，有较大提升，尤其是"资金状况"和"融资难易"两项指数分别提升7.1和7.8，改变了负面状态。

指标说明，企业感受到融资环境的优化，但对"融资成本"指数评价依然负面，企业融资贵的问题尚未彻底解决（见图14）。

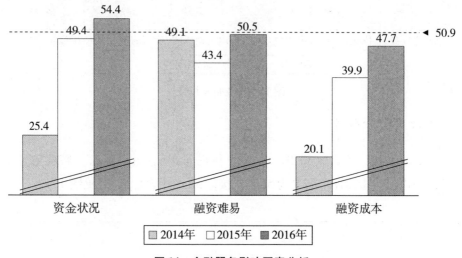

图14　金融服务影响因素分析

（七）人力资源供给

"人力资源供应"指数为48.8，比2015年提升9.2，变化趋势指标评价结果为55.9，高于50的中性标准，该指数在七项二级指数中最低（见图15）。

人力资源有效供给不足的结构性矛盾仍然突出。"人力资源供应"指数比上年提升9.2，说明企业认为人力资源有效供给环境已经有所改善，但指数水平依然低于荣枯分水线，下属两项四级指数水平偏低，"专业人才获取"指数为47.6，其中仅15.5%的企业认为专业人才获取有保障；"熟练工人获取"指数为50.0，仅17.3%的企业认为熟练工人获取有保障。在经济结构调整过

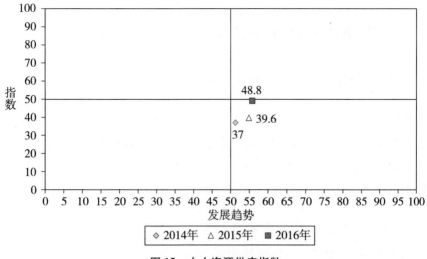

图 15　人力资源供应指数

程中，企业对人才的需求结构也发生相应变化，普通劳动力过剩，而专业技术人员供给不足，结构性矛盾比较突出。（见图 16）

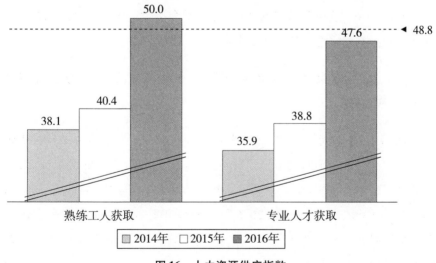

图 16　人力资源供应指数

三、不同类别企业发展环境评价差异及趋势分析

（一）外资企业对发展环境总体评价明显高于国有、民营和其他企业

四类不同所有制"企业的经营环境"总指数在 63~78，总体上均处于"中性趋于正面"状态。其中，外资企业对于"经营环境"的评价总指数为最高的 77.3，较之国有企业的 70.1 高出了 7.2 个点，较之民营企业的 66.7 高出了 10.6 个点，较之于其他企业的 63.6 高出了 13.7 个点。

（二）民营企业对"企业负担""金融服务""人力资源供应"指数增幅较大，其余二级指数小幅下跌

从 2014—2016 年，民营企业对"企业负担"的指数从 38.1 大幅提高到 49.2，再到 56.1，"金融服务"的指数从 28.1 大幅提高到 45.4，再到 51，均实现了由"负"到"正"的转变；对"人力资源供应"的指数从 35.8 到 39.2，再到 49.6，提升幅度超过 13 个点。其余指数在 2015 年或 2016 年均有小幅下跌，但下降幅度未超过 2.5 个点。

（三）工业行业对"金融服务""企业负担""人力资源供应"的评价大幅提升

从 2014 年到 2016 年，工业行业对"金融服务"的评价指数从 30.0 到 41.5，再到 48.7，提升幅度达 18.7；对"企业负担"的评价指数从 37.1 到 45.8，再到 52.2，提升幅度达 15.1；对"人力资源供应"的评价指数 2015 年和 2014 年一致，均为 36.2，2016 年大幅提升至 46.1。表明重庆工业企业对重庆金融服务水平、企业税费和成本负担的感受、专业人才和熟练工人获取的满意度均有明显改善。

但是，评价指数均明显低于服务业：工业行业对"企业负担"的评价指数为 52.2，相比服务业行业的 59.0，低 6.8，尤其是"税收负担"和"生产要素成本"指数分别为 46.6 和 41.7，评价负面。说明税收负担重和生产成本高是影响工业行业"企业负担"指数评价的主要消极因素。工业行业"金融

服务"评价指数为48.7，比服务业行业的54.7低6.0，其中，工业行业"融资难易"和"融资成本"指数分别为48.6和45.1，是工业行业"金融服务"指数评价为负的主要原因。工业行业对"人力资源供应"的评价指数为46.1，比服务业53.0的评价指数低6.9。其中工业行业对专业人才获取、熟练工人获取评价最低，分别为44.6和47.6的负面评价。

（四）小型企业整体评价最高，尤其是"企业负担"指标评价明显好于大中型企业

小型企业所有指标达到中性及正面评价，整体评价最高为67.1。小型企业对税收、各类收费、生产要素成本等敏感度更高，对出台减轻"企业负担"政策措施受益最大，评价指数为58.9，远高于大型企业的46、中型企业42.7的评价。其中，"行政性收费"72.5，高于大型企业52.8、中型企业60.4的评价；"生产要素成本"47.6，高于大型企业39.4、中型企业38.0的评价。

除"企业负担"外，大型企业指标评价均为正面且高于中小型企业：大型企业总体评价为66.9，对政府"行政管理""法制环境""基础设施"及"社会环境"评价结果分别为85.7、91.2、71.1、71.2，均高于中小型企业。

（五）企业融资环境改善使金融服务评价大幅提升，中小企业尤为明显

相对2014年，不同规模企业对"金融服务"评价均有大幅提升，从28~40提升到48~55，大、小型企业评价由"负"到"正"的突破。从评价提升幅度来看，大中小型企业分别为15.5、19.8、21.5，小型企业提升幅度最高。其中，"资金状况"及"融资成本"评价的提升幅度分别达到26.7~32.6和21~29.1，中小型企业评价结果提升率均达到100%以上。

（六）中介机构对重庆企业发展环境评价均低于企业整体评价

本次调查将律师事务所、会计师事务所、咨询机构、商会、行业协会等中介机构的评价单独列出。第三方中介机构因其为客户跨地域提供专业服务

的工作特点，这为我们观察重庆企业发展环境提供了独特的视角。总指数定性结果与企业整体评价一致，且差距逐年减小。中介机构的第三方视角审视重庆企业发展环境，总指数为 59.8，处于"中性趋于正面"状态，与整体评价结果不谋而合，但指数低于整体评价 66.2。2014 年至今，中介机构对重庆企业发展环境的评价均低于企业整体对重庆企业发展环境的评价，但两者的评价指数差距在逐年减小。

四、企业面临的困难及投资意向

根据调查问卷的附加题与企业发展环境有关的两个综合类问题的对比分析，当前企业面临的主要困难是人力成本上升、负担过重及严峻的市场形势；目前企业进行再投资积极性不高，尤其是异地投资及房地产领域的投资意向明显下降。

（一）成本上升、负担过重和市场低迷是企业面临的主要困难

虽然不同类型企业在企业负担、金融服务、人力资源供应上的困难程度不同，但这三个方面是重庆企业发展环境中公认的负面因素，从被调查企业的困难因素排序结果看也印证了这个结论（见图 17）。

根据调查结果，企业经营发展中面临的三大困难：一是人力成本上升。68% 的企业认为人力成本上升是企业运营的最大困难，这一问题在内资企业、民营企业、大型企业和工业企业中表现得更为突出。二是税赋和社保负担过重。63% 的企业认为税赋和社保负担是企业的主要困难之一，困难重点集中于大中型企业、民营控股及外资控股企业。三是市场订单减少，原材料成本上升，资金紧张，贷款困难。近 4 成企业认为，市场订单减少，成本居高不下，利润空间收窄，现金流紧张，企业运营面临困局。

（二）企业投资积极性较过去两年明显降低

企业投资意愿普遍降低。2016 年选择在本地扩大再生产和异地扩大再生产的企业分别比 2015 年下降了 14% 和 3%。不打算进行投资的企业比例从 2015 年的 21% 增加到 2016 年的 27%。企业在各领域投资意向均呈现下降趋

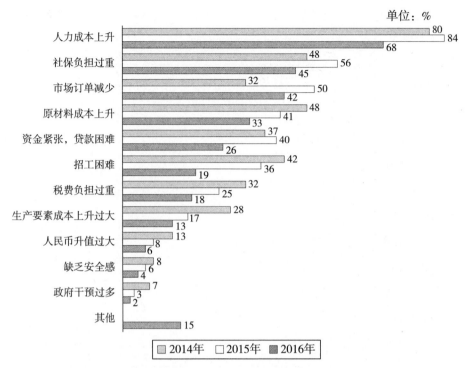

图 17 当前企业经营发展中面临的主要困难情况的文件调查分析结果

势，尤其是房地产和金融业，与 2014 年相比分别下降 20%、14%，而商贸业和制造业与 2014 年相比下降 5%~6%，农业和劳动密集型行业投资意愿和往年基本持平。

企业本地投资意愿高于异地投资，投资领域集中于制造业、农业和商贸业。选择在本地扩大再生产和异地扩大再生产的企业分别是 34% 和 5%，本地扩大再生产与异地扩大再生产的企业比例从 2015 年的 5.9：1 扩大至 2016 年的 6.8：1。说明在全国经济增速下行压力的大背景下，投资者对重庆企业发展环境抱有信心，认为在实施"一带一路"和"长江经济带"发展战略中重庆具有更好的发展空间，是投资的优先选择。企业投资意向前三位的领域和 2015 年保持一致，依然为制造业、农业和商贸业，三者占总比重为 48%。

当前企业经营发展中面临的主要困难情况的文件调查分析结果（见图 18）。

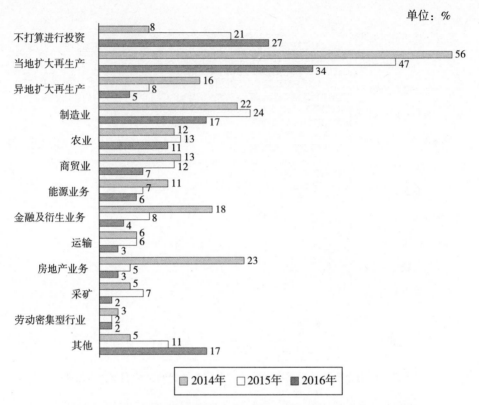

单位：%

图18 当前企业经营发展中面临的主要困难情况的文件调查分析结果

五、需要重点关注问题

（一）人力资源结构性供需仍存矛盾

"人力资源供应"指数为48.8，是唯一低于荣枯线的二级指数，虽然人力资源总供给压力有所缓解，但供需结构性矛盾仍然突出，"熟练工人获取"指数为50.0，指标中性，仅17.3%的企业认为熟练工人获取有保障，"专业人才获取"指数为47.6，低于中性标准，仅15.5%的企业认为专业人才获取有保障。随着经济结构转型，人力资源供应的重点已从普通劳动力转变到专业人才、职业技术人才的保障上，目前人力资源结构尚不能适应经济结构调整的需求，这一问题在工业企业、民营企业和中小企业中表现尤为突出。

（二）融资难、融资贵的问题尚未有效解决

"金融服务"指数为50.9，表现中性，60%以上企业认为金融环境一般，13%的企业认为资金环境较差，17.3%的企业认为贷款较难，15.6%的企业认为非银行融资难度较大，19.5%的企业认为融资成本贵，这些问题在民营企业和工业企业中表现得更加突出，民营企业和工业企业相关指数连续三年低于国有企业和服务业企业。除外资企业，其他不同类型企业对"融资难易""融资成本"指数的评价均低于60，位于42.3～59.1，总体而言，长期困扰企业的融资难、融资贵问题尚未得到有效解决。

（三）"企业负担"中生产要素成本过高，企业反映最为集中也最为强烈

"企业负担"指数为55.1，略高于中性标准。除外资企业外，其他类型企业对生产要素成本评价均低于50荣枯分水线，尤其是工业企业"人力成本负担""水电煤气成本负担""物流成本负担"指数连续三年较大程度低于服务业。"行政性收费""税赋负担"两项指数相比上年出现小幅下降，国有企业、大中型企业评价结果分别低于民营企业和小型企业，工业企业对"税赋负担"评价除2014年相对较高外，已连续两年远低于服务业水平。指数说明，实体经济感到成本压力很大，对降低生产要素成本的期望也最强。

（四）企业退税通关效率感受较弱

2016年"退税通关效率"评价指数为65.7，比2015年回落5.3。大中型企业、国有企业对该指标满意度明显降低。在国际贸易壁垒日趋严重的情况下，提高通关效率，落实退税政策，全力支持企业出口贸易显得非常迫切而重要。

综上所述，2016年重庆企业发展环境稳步提升，尤其是在市场有效供给方面取得了进步，在法制环境和行政管理方面保持公平正义，在创新支持方面获得企业广泛认可，为经济转型升级奠定了良好基础。纵观近三年重庆企业发展环境，还亟待在以下四个方面着力改进：第一，人才结构性矛盾、融资贵、负担重是长期以来困扰企业发展的三大难题，这也是重庆企业发展环

境实现从"中性"到"正面"本质突破的核心着力点，是未来重点改善方向；第二，在经济新常态引领下，经济动能新旧转化，企业创新要素能力还有待提升，创新环境还需进一步优化；第三，"一带一路""长江经济带"战略规划的实施既是机遇，也是挑战，着眼国际国内两个市场，应切实提高重庆退税通关办事效率，积极为企业营造更加活跃开放、重商亲商、与国际市场接轨的发展环境；第四，区域协调发展尚不平衡，渝东南地区企业在基础设施建设方面满意度相对较低，"五大功能区域"协同发展还应当加强和改善。

（重庆市工业经济联合会　郭庆华　吴　冰　马明媛）

中国行业经济发展趋势分析

一、产业结构的变迁与演进

(一) 产业结构变迁的历史规律和国际经验

自 18 世纪 60 年代英国工业革命以来，世界经济的发展历程就主要体现为现代工业化的过程。经济增长的过程中会伴随着产业结构和社会结构的剧烈变化，本质上是一个文明进化的过程。而中国的工业化和产业演进实际上是西方工业化道路的承接和延伸，因此分析西方发达国家产业变迁的规律对理解和预测中国的行业发展趋势有重要的借鉴意义。

主导产业的兴起是一个时代的缩影，都被打上了国家发展阶段的烙印。主导产业的崛起具有递进性，与当时的科技、社会发展水平密不可分。根据工业先行国家工业化的总结发现（见表 1），工业化过程包括以轻纺工业为主导的起步期；以钢铁、机械、汽车、耐用消费品等重、化工业为主导的扩张期；以组装工业和深加工化为特征的成熟期。伴随着工业化的推进，生产要素的构成，从劳动密集型、资本密集型向技术、知识密集型转移。工业化将进入成熟期，对高新技术产业发展提出新的要求。

人均 GDP 是衡量一国经济发展水平的一个重要指标，它到达什么水平，一般就会出现相应的消费现象和产业现象。从世界主要国家工业化的历程看，人均 GDP 达到 3000 美元后，将进入以工业重型化和技术先进产业为主导的工业化成熟期，呈现出第三产业比重持续上升，第二产业稳中趋降，第一产业持续下降的趋势，而且大部分情况下第三产业的比重超过 50%，居三次产业之首。在人均 GDP 达到 5000 美元后，工业在高速增长后逐步回落，而在服务业方面，各国大力发展金融、市场中介服务、房地产、专利版权等新兴产业，促使服务业加快发展。统计数据显示，当人均 GDP 达到 1000 美元时，汽车开始进入普通家庭，而当人均 GDP 达到 3000 美元时，家庭购车会出现爆炸式增长，因此沿着人均 GDP 的增长轨迹往往可以发现其中的产业机会。

表1　　　　　　　　　　　美国、日本主导产业变迁

美 国		日 本	
历史阶段	主导产业	历史阶段	主导产业
18 世纪末—1860 年演化阶段：工业化起飞阶段	农业现代化、铁路交通系统、运河运输系统	—	—
1860 年—20 世纪初演化阶段：二次工业革命	铁路、石油、钢铁、机械制造	1868 年—20 世纪初演化阶段：初期工业化（明治维新）	纺织业、食品制造业
20 世纪初—1945 年演化阶段：二次工业革命后期	汽车工业、化学工业、电气设备	20 世纪初—1945 年演化阶段：重工业时代（侵略战争时期）	重工业、化学工业
1945—1990 年演化阶段：三次工业革命	半导体、通信、电子计算机等技术密集型行业	1945—1990 年演化阶段：经济腾飞时代	汽车、机械、石化、有色金属、电机、电子
1990 年至今演化阶段：信息产业革命	信息服务业、信息制造业	1990 年至今演化阶段：经济结构调整阶段	计算机、电气设备、生物工程、新能源、环保

数据来源：Wind，博时宏观策略部，多元资产管理部。

（二）中国产业结构变迁

由于中国在一个相对较短的时间内完成了其他国家需要很长时间才能完成的工业化过程，因此中国的工业化也被一些学者称为"压缩式的工业化"。尽管中国的工业化进程与西方国家相比有其独特之处，但产业结构变迁路径与世界规律基本一致。改革开放以来，中国经济发展取得了长足的进步，产

业结构也随之经历了比较大的变化，三次产业的比例有了明显改善，产业结构不断优化。2001年我国人均GDP首次超过1000美元，2008年达到3000美元，2011年超过5000美元，截至2015年年底人均GDP水平达到7924.65美元，这期间中国的三次产业也经历了第三产业比重持续上升、第二产业稳中趋降、第一产业持续下降的过程，至2015年中国第三产业在GDP中的占比首次超过50%。

纵观全球经济的发展，产业结构的转换升级已成为现代经济增长的重要内生变量，经济增长在带来经济结构变动的同时，产业结构调整又反过来进一步促进经济发展，经济发展的过程在某种程度上就是产业结构由无序到有序的渐进式螺旋式上升过程。长期以来，工业一直是我国经济发展的主导产业和核心支柱，改革开放以来，中国先后经历了三次以行业快速发展推动经济高速增长的历程。20世纪80年代以轻工制造和纺织业为主导的经济增长是第一轮增长，这一阶段主要以满足人民的基本生活需求为主。在90年代开始的第二轮增长中，起主导作用的高增长行业主要有基础设施建设（公路、港口等）、家用电器（电视机、洗衣机、冰箱）、钢铁等基础产业。而第三轮增长则发生在2000年以后，房地产、汽车、通信、计算机电子等行业成为新的高增长行业，同时也带动了机械、钢铁、建材等行业的快速发展。与此同时，服务业也在逐渐打破以商贸零售、餐饮酒店为主的单一发展格局，金融、保险、科技、咨询等行业的增加值占比不断提升。（见表2）

表2　　　　　　　　　　中国工业细分行业主导产业变迁

增加值占比排名	1998年	2000年	2005年	2010年	2015年
1	电力、热力的生产和供应业	电力、热力的生产和供应业	黑色金属冶炼及压延加工业	黑色金属冶炼及压延加工业	通信设备、计算机及其他电子设备制造业
2	石油和天然气开采业	石油和天然气开采业	通信设备、计算机及其他电子设备制造业	交通运输设备制造业	化学原料及化学制品制造业
3	通信设备、计算机及其他电子设备制造业	通信设备、计算机及其他电子设备制造业	电力、热力的生产和供应业	电力、热力的生产和供应业	交通运输设备制造业

增加值占比排名	1998 年	2000 年	2005 年	2010 年	2015 年
4	化学原料及化学制品制造业	化学原料及化学制品制造业	石油和天然气开采业	通信设备、计算机及其他电子设备制造业	黑色金属冶炼及压延加工业
5	交通运输设备制造业	交通运输设备制造业	化学原料及化学制品制造业	化学原料及化学制品制造业	电气机械及器材制造业
6	纺织业	黑色金属冶炼及压延加工业	交通运输设备制造业	电气机械及器材制造业	电力、热力的生产和供应业
7	黑色金属冶炼及压延加工业	纺织业	电气机械及器材制造业	通用设备制造业	非金属矿物制品业
8	非金属矿物制品业	电气机械及器材制造业	纺织业	非金属矿物制品业	通用设备制造业
9	烟草制品业	非金属矿物制品业	通用设备制造业	石油和天然气开采业	有色金属冶炼及压延加工业
10	电气机械及器材制造业	烟草制品业	煤炭开采和洗选业	农副食品加工业	农副食品加工业
11	通用设备制造业	通用设备制造业	非金属矿物制品业	煤炭开采和洗选业	煤炭开采和洗选业
12	煤炭开采和洗选业	石油加工、炼焦及核燃料加工业	农副食品加工业	纺织业	纺织业
13	橡胶和塑料制品业	橡胶和塑料制品业	烟草制品业	有色金属冶炼及压延加工业	石油和天然气开采业
14	饮料制造业	医药制造业	石油加工、炼焦及核燃料加工业	专用设备制造业	金属制品业
15	石油加工、炼焦及核燃料加工业	饮料制造业	有色金属冶炼及压延加工业	金属制品业	专用设备制造业

数据来源：Wind，博时宏观策略部，多元资产管理部。

二、中国行业发展趋势展望

改革开放以来，中国各产业的交替螺旋式上升带动了经济的快速发展，但同时我们注意到，2010年以来，中国经济增速有所放缓，国内外环境正在发生一些新变化，包括：国内土地、劳动力等生产要素成本上升导致一些传统行业比较优势逐渐弱化，人民群众对环境质量的要求不断提高，煤炭、钢铁等传统行业需求不振、产能过剩，新生代消费需求日新月异，外部环境风险加大等。这些因素使我国的行业发展和产业结构调整面临着与日俱增的内生动力和外部压力，中国需要且正在发生着一次新的产业转型和结构调整。

（一）传统产业的救赎——去产能、去杠杆

受金融危机的深层次影响，国内需求增速放缓、国际市场持续低迷，我国部分行业的供需矛盾日益凸显，传统制造业的产能过剩状况非常普遍，特别是煤炭、钢铁、水泥等高消耗、高污染行业。这些过剩行业不仅占用了大量的资源，使得有限的资源难以流动到代表中国经济未来方向的新兴产业中去，而且杠杆高企还可能带来信用风险，并传导到其他领域。因此2015年年底的中央经济工作会议提出了"去产能、去库存、去杠杆"的主要任务，目的就在于通过供给侧改革推动传统产业的更新升级，完成传统产业的救赎。

产能反映在企业的实际经营活动中，一是体现在形成的固定资产上，处于资产负债表的左端；二是通过企业的杠杆水平，刻画在资产负债表的另一端。表现在财务分析上，一是经营杠杆，一是财务杠杆。产能的实体维度非常直接：企业募资、投资、开始形成产能，进而达产，整个过程按照一定的程序逐步计入资产负债表的"固定资产"一项。固定资产的增速反映了企业实体产能的变化节奏。产能的另一面是融资维度上的债务杠杆水平。负债区别于权益的重要之处在于其信号传递和经营约束作用。企业扩产增资，选择倾向于债务的方式，一方面表明了企业自身对新产能、新项目的信心，另一方面对产能的投放提供了有效的财务约束。因此，在周期的视角里，企业真实产能的此消彼长往往伴随着杠杆水平的高低变化。

基于上述分析，这里将各个行业的非流动资产占比和资产负债率2016年

8月水平相对于近1年以来平均水平的变化作为该行业经营杠杆和财务杠杆变动状况的衡量指标，构建产能与杠杆的双维度，各行业由于经营杠杆和财务杠杆变动方向的差异分布于四个不同象限（见图1）。

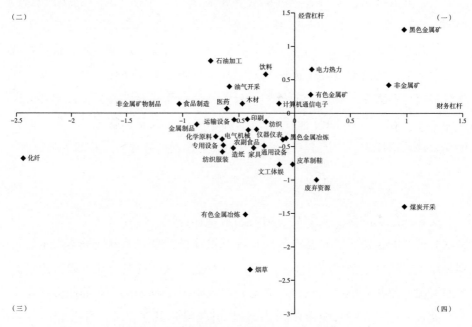

图1 产能与资产负债率变化的行业对比

数据来源：Wind，博时宏观策略部，多元资产管理部。

1. 第一象限：杠杆高企，风险偏大

位于第一象限的行业主要来自于采矿业，包括黑色金属矿开采、有色金属矿开采、非金属矿开采业以及电力热力的生产和供应，这些行业的非流动资产占比和资产负债率均超过了近1年的平均水平。目前有色金属采矿业和非金属采矿业的经营杠杆和财务杠杆已出现了下降趋势，但仍高于1年均值；而黑色金属采矿业的去杠杆进程仍在反复，且其利润总额同比增速均已出现连续30个月的负增长，再结合当前经济增速放缓的大背景，这些行业的产能和杠杆扩张将会给行业发展带来较大风险（见图2）。

2. 第二象限：潜力不足，弹性较弱

第二象限主要包括位于中上游的油气开采、非技术矿物制品、石油加工和炼焦、计算机通信电子行业以及下游的食品、饮料行业，这些行业的资产

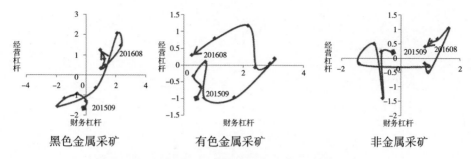

图 2　近 1 年相关行业财务杠杆与经营杠杆变化情况

数据来源：Wind，博时宏观策略部，多元资产管理部。

负债率水平较近 1 年均值有所收缩，但产能较近 1 年均值有所提升。一般来说，该象限中产能继续增长，而财务杠杆收缩，盈利能力短期存在压力。在经济短周期中，整体弹性较弱，以行业中个体的增长为主要机会。由于杠杆水平较低，这些行业未来产能进一步增加的可能性较小，资产利用效率或是一个长期缓慢回升的过程。但值得注意的是，虽然计算机通信电子行业和食品制造行业近 1 年的经营杠杆和财务杠杆基本都处于年内低位，但已开始出现上升趋势，8 月份经营杠杆首次高于年内均值，两个行业的营收增速和利润总额增速也在稳步提升中，值得持续关注。（见图 3）

3. 第三象限：杠杆双降，潜力巨大

进入到第三象限的行业较多，包含了统计局公布的 33 个行业中的 20 个行业，主要包括中游制造业中的化学原料及制品、化纤、通用设备、电器机械、计算机通信电子、有色金属冶炼等，以及下游行业的纺织服装、医药制造和文体工娱制品等，这些行业的经营杠杆和财务杠杆都较近 1 年的平均水平出现了不同程度的下降，可见在目前经济收缩的情形下，去杠杆成为了大多数行业的选择。这部分行业的出清过程相对领先，偏低杠杆水平预示着未来新增产能的概率不大，在经济趋势上升中更可能获得更大的弹性。（见图4）

4. 第四象限：杠杆支撑，弹性较大

第四象限主要包括上游行业的煤炭开采和废弃资源综合利用，这些行业的经营杠杆较近 1 年的平均水平出现了下降，而财务杠杆则有所上升。经营杠杆下降表明实体产能已开始收缩，但仍要注意财务杠杆的压力。短期来看，当经济企稳或者需求扩张时，这类行业产能压力较小，可以依靠相对高的杠

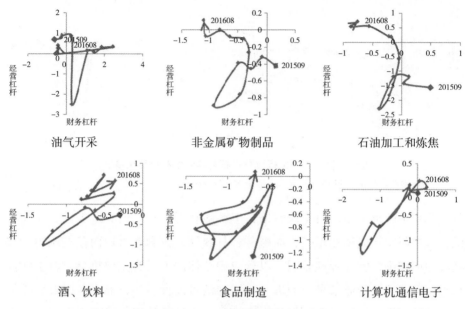

图3 近1年相关行业财务杠杆与经营杠杆变化情况

数据来源：Wind，博时宏观策略部，多元资产管理部。

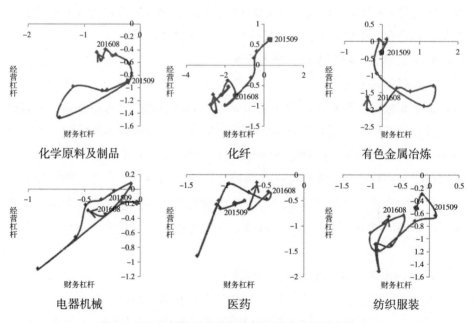

图4 近1年相关行业财务杠杆与经营杠杆变化情况

数据来源：Wind，博时宏观策略部，多元资产管理部。

杆获得较大的盈利弹性；但从长期来看，财务杠杆水平高企仍将影响这些行业资产负债表的有效扩张。（见图5）

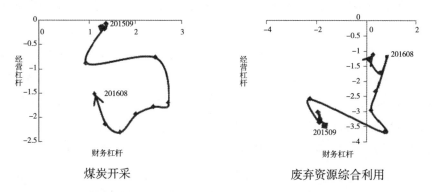

图5　近1年相关行业财务杠杆与经营杠杆变化情况

数据来源：Wind，博时宏观策略部，多元资产管理部。

通过上述比较可以发现，煤炭、钢铁等周期性行业虽然在供给侧改革背景下供给有所收缩，价格明显回升，并且从上市公司财务报表来看，第三季度营收状况也的确出现了改善；但短期来看市场需求尚未发生明显变化，在供给收缩支撑下的价格增长未来会出现反复，去产能、去库存、去杠杆仍是这类行业未来很长一段时间的主线。在供求平衡过程中，先进产能会不断淘汰落后产能，生产效率、能源利用率、环保治理将进一步改善，届时此类传统行业将焕发新的生机。

（二）新兴产业的崛起——新技术、新需求

近年来，新一轮科技革命和产业革命不断深化，全球新兴产业都保持了良好的增长势头。放眼国内，在目前我国经济下行压力加大的背景下，发展新兴产业不仅是内生增长和消费升级的需要，还具有带动国家经济复苏的重要战略意义。

2012年5月国务院发布七大战略性新兴产业发展规划，表示要推动战略性新兴产业健康发展，充分发挥市场配置资源的基础性作用，注重优化政策环境，激发市场主体积极性。2014年8月习近平进一步提出，要抓紧实施已有的16个国家科技重大专项，进一步聚焦目标、突出重点，攻克高端通用芯片、集成电路装备、宽带移动通信、高档数控机床、核电站、新药创制等关键核心技术，加快形成若干战略性技术和战略性产品，培育新兴产业。在此基础上，以 2030 年为时间节点，再选择一批体现国家战略意图的重大科技项目，力争有所突破。这为我国新兴产业的发展提供了强大的方向指引和政策支撑。

2016 年我国新兴产业增长势头良好，新能源、生物技术、新材料、信息技术等领域的景气度明显好于传统行业和全国平均水平。7 个产业 EPMI 指标全在 50 的荣枯线以上（见表 3），从长期表现来看，相对强健的产业包括节能环保产业、新材料产业、高端装备制造产业等。新能源汽车产业、新能源产业以及节能环保产业研发活动更为活跃，预计在在日后的增长中将会有更大的潜力。随着战略性新兴产业政策体系的进一步细化落地，产业发展也将进入全面深入推进期。

表 3　　　　　　　　2016 年 9 月中国战略新兴产业 EPMI

行　业	PMI	生产量	产品订货	购进价格	研发活动
全国新兴战略产业	57	62	59.2	57.6	61.2
节能环保产业	59.8	68.7	61.8	60.7	63.7
新材料产业	59.3	66.2	58.9	59.6	61.8
高端装备制造产业	58.3	63.2	63.2	59.8	53.1
新能源汽车产业	58.1	62.9	57.2	50.6	70.2
新能源产业	57.3	58.4	60.1	48.8	63.9
生物产业	54.5	62.2	56.8	59.3	56.6
新一代信息技术产业	52.8	53.2	56.7	62.4	60.7

数据来源：中采咨询，博时宏观策略部，多元资产管理部。

本文所述的新兴产业不仅包括高科技产业，还包括伴随着人们日益增长的物质文化需求应运而生的新产业。随着经济水平的提高，我国人民的需求已经从温饱型逐渐向享受型和发展型转变，手机支付、教育培训、度假旅游、电玩竞技等行业迅速发展并拥有广阔的发展空间。而随着中国老龄化进程的加快，人们对个人健康、环境质量等方面越来越重视，医疗保健与服务、环保产业等也发展迅猛。

三、总结

经济的增长往往会带来产业结构的变动和升级，而产业结构的调整又会反过来进一步促进经济的发展。当前我国正处在经济转型的关键时期，煤炭、钢铁、机械等传统制造业供大于求的问题仍然严重，去产能、去杠杆的进程反复而曲折，传统产业的救赎还需要决心和时间。以新技术为特点、以满足人民的新需求为目的的新兴产业拥有强大的发展潜力和广阔的市场空间，有望成为新的主导产业，并成为带动我国经济走向复苏的重要引擎。

（博时基金管理有限公司　魏凤春　娄　莹）

产业整合视角下并购市场相关指数的思考

一、中国并购市场保持持续增长

（一）过去几年间中国并购市场高速发展

根据清科研究中心研究结果显示，2008—2015 年中国企业国内并购和跨国并购案分别从 109 起和 72 起增加到 2409 起和 283 起，年复合增长率分别为 55.6% 和 21.6%，涉及金额分别从 1619 亿元和 746 亿元增加到 8146 亿元和 2292 亿元，年复合增长率分别为 74% 和 17.4%（见图 1、图 2）。从中我们可以看到国内并购案的数量和金额在 7 年间增长迅速，国际并购稳中有升。

图 1　2008—2015 年中国企业国内并购和跨国并购案数量

（二）2016 年上半年中国并购市场继续加速

2016 年上半年中国并购市场共完成交易 1645 起，同比提高 25.7%，环比

图2　2008—2015年中国企业国内并购和跨国并购案金额

上升18.9%；披露金额的并购案例总计1182起，共涉及交易金额7836.87亿元，同比上升76.9%，环比上升30.5%，平均并购金额为6.63亿元。2016年上半年开始的同时尚在进行中的并购案例为2868起，其中披露金额的2340起案例涉及交易金额1.48万亿元，与2015年全年完成的交易规模相比还超41.8%，其中139起进行中海外并购交易创出5428.75亿元的惊人纪录（见图3）。

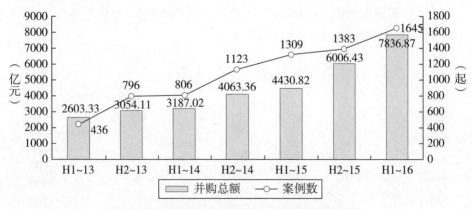

图3　H1'2013—H1'2016年中国并购市场总体统计

（三）2016年上半年中国并购市场类型分布

从并购类型上看，2016年上半年完成国内并购1518起，产生交易金额5830.53亿元；海外并购107起，涉及交易金额1764.46亿元；外资并购20

起，交易金额共计 241.89 亿元（见表 1、图 4）。

表 1 　　　　　　　　　**2016 年上半年中国并购市场类型分布**

并购类型	案例数（起）	比 例	批露金额案例数（起）	并购金额（人民币亿元）	比 例	平均并购金额（人民币亿元）
国内并购	1518	92.3%	1100	5830.53	74.4%	5.30
海外并购	107	6.5%	71	1764.46	22.5%	23.84
外资并购	20	1.2%	11	24189	3.1%	21.99
合　计	1645	100.0%	1182	7836.87	100.0%	6.61

（四）2016 年上半年中国并购市场国内统计

2016 年上半年，尽管跨界并购审批收紧对并购市场形成利空，但国内并购市场总体上依旧延续了火热的态势，国企改革带来的企业间兼并重组不断涌现，同时互联网巨头们也积极通过兼并重组进行布局。2016 年上半年，中国并购市场共完成国内并购 1518 起，较 2015 年同期上涨 30.9%，环比上升 21.5%，在上半年全部完成并购案例中占比 92.3%，比 2015 年同期上升 4.8 个百分点，披露金额的 1,100 起案例共涉及交易金额 5,830.53 亿元，同比上升 74.6%，环比上升 21.3%（见图 4）。

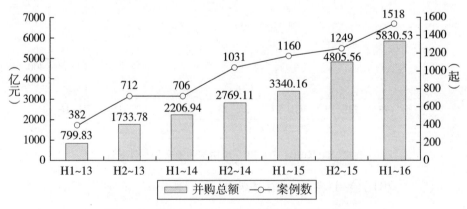

图 4　H1'2013—H1'2016 年中国并购市场国内统计

（五）2016 年上半年中国并购市场海外并购统计

2016 年上半年海外并购已完成规模创近年新高，共完成并购案例数 107 起，同比下降 9.3%，环比上升 2.9%，其中披露金额案例数 71 起，涉及交易金额 1764.46 亿元，同比大涨 106.0%，环比上升 63.3%。2016 年 5 月，中国信达资产管理股份有限公司完成对香港南洋商业银行的收购，涉及交易金额 680 亿港元，为上半年最大海外并购案，另外，三峡集团也在 2016 年 1 月完成对巴西伊利亚、朱比亚两座水电站 30 年特许经营权收购，约合 234 亿元的交易金额使得该案例成为三峡集团迄今规模最大的收购案。

与此同时，2016 年上半年进行中的海外并购案例有 139 起，其中披露拟并购金额的案例数 113 起，涉及交易金额高达 5428.75 亿元，平均单起并购金额达 48.04 亿元。2016 年第二季度延续了第一季度的海外并购火热态势，除了第一季度已披露的中国化工 430 亿美元收购全球第一大农药公司瑞士先正达等大额并购外，第二季度也曝出美的收购东芝白色家电业务、美的收购 KUKA（库卡柔性系统制造有限公司），腾讯拟 86 亿美元收购 Supercell（一家游戏公司）等大额并购案（见图 5）。

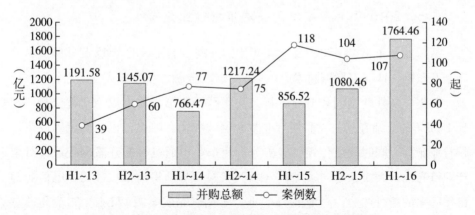

图 5　H1'2013—H1'2016 年中国并购市场海外并购统计

（六）2016 年上半年中国并购市场外资并购统计

外资并购方面，2016 年上半年共有 20 起外资并购案例完成，较 2015 年同期减少 11 起；其中披露金额的案例数 11 起，共涉及金额 241.89 亿元，同比上升3.3%，环比上升100.9%（见图6）。总部位于香港的昆仑能源有限公司收购昆仑燃气涉及交易金额148.27亿元为上半年最大规模外资并购，除去该笔交易，外资并购总金额仍呈现持续下降状态。人民币贬值及经济下行是使得中国资产受青睐程度降低的主要原因，但国内部分新兴行业大型企业凭借较强的国内外竞争力也吸引了外资的并购投资，苹果公司便在2016年上半年以10亿美元投资了滴滴出行（北京小桔科技有限公司推出的一款打车平台）。

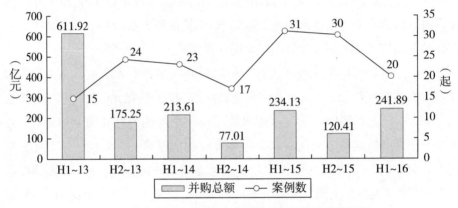

图6　H1'2013—H1'2016年中国并购市场外资并购统计

（七）2016年上半年中国并购市场行业分布

从行业分布来看，2016年上半年中国并购市场完成的1645起并购交易分布于互联网、IT（互联网技术）、机械制造、金融、生物技术等23个一级行业。首先，从并购案例数方面分析，互联网行业第一季度以260起交易，占比15.8%的成绩夺魁，互联网行业整合继续加速，阿里巴巴、腾讯等巨头加快行业布局，同时娱乐传媒、旅游等行业企业也通过并购互联网企业进行全产业链布局；其次，是同属TMT（以互联网为基础将高科技公司和电信业等链接起来的新行产业）行业的IT行业，本期以完成案例173起，占交易总量10.5%的成绩排名第二；第三名是机械制造行业，国企改革和过剩产能优化推动行业上半年完成并购案例155起，占比9.4%（见表2）。

在并购规模方面，信达资产有限公司收购南洋商业银行、浦发银行收购上海国际信托、渤海租赁有限公司收购天津渤海三起超百亿并购案的涌现，助推金融行业以1623.69亿元，占比20.7%的成绩稳居榜首。排名第二的是互联网行业，2016年上半年互联网披露交易金额案例数123起，涉及交易金额1108.41亿元，阿里巴巴及旗下企业上半年先后完成对优酷土豆、神州专车等大额收购，在进行中交易方面百度对爱奇艺私有化目前接近完成，腾讯拟收购游戏开发公司Supercell的交易金额达到了86亿美元，该笔交易如果完成，将创造全球游戏史上最大规模收购纪录。能源及矿产排名第三，涉及交易金额732.38亿元。连锁及零售以614.53亿元的并购规模排名第四，其中阿里巴巴完成收购苏宁云商涉及交易金额282.33亿元，为上半年规模第三大并购交易。这四大行业也是上半年仅有的并购规模超过500亿元的行业。

表2　　　　2016年上半年中国并购市场行业分布（按被并购方）

行　业	案例数（起）	比　例	批露金额案例数（起）	并购金额（人民币亿元）	比　例	平均并购金额（人民币亿元）
互联网	260	15.8%	123	1108.41	14.1%	4.26
IT	173	10.5%	133	423.20	5.4%	2.45
机械制造	155	9.4%	137	470.73	6.0%	3.04
金融	146	8.9%	97	1623.69	20.7%	11.12
生物技术/医疗健康	143	8.7%	101	396.48	5.1%	2.77
电子及光电设备	90	5.5%	77	308.12	3.9%	3.42
娱乐传媒	72	4.4%	52	200.76	2.6%	2.79
能源及矿产	72	4.4%	60	732.38	9.3%	10.17
电信及增值业务	57	3.5%	36	167.66	2.1%	2.94
连锁及零售	55	3.3%	38	614.53	7.8%	11.17
建筑/工程	52	3.2%	43	143.12	1.8%	2.75
化工原料及加工	51	3.1%	38	115.01	1.5%	2.26
汽车	47	2.9%	37	202.70	2.6%	4.31
房地产	46	2.8%	38	397.00	5.1%	8.63
清洁技术	43	2.6%	38	177.78	2.3%	4.13
农/林/牧/渔	26	1.6%	20	26.54	0.3%	1.02
物流	23	1.4%	11	93.74	1.2%	4.08
教育与培训	16	1.0%	6	9.32	0.1%	0.58

行　业	案例数（起）	比　例	批露金额案例数（起）	并购金额（人民币亿元）	比　例	平均并购金额（人民币亿元）
食品＆饮料	15	0.9%	13	21.10	0.3%	1.41
半导体	5	0.3%	3	17.05	0.2%	3.41
纺织及服装	5	0.3%	5	9.84	0.1%	1.97
广播电视及数字电视	2	0.1%	2	3.34	0.0%	1.67
其他	91	5.5%	74	574.37	7.3%	6.31
合计	1645	100.0%	1182	7836.87	100.0%	6.63

二、以并购为主体的产业整合逐渐成为主流

（一）中国企业正进入一个通过并购实现产业整合的年代

1. 我国推进产业整合的必要性和迫切性

由于中国经济的特殊发展历程，我国工业经济结构存在明显缺陷。产业组织结构不合理，产业集中度不高，企业小而分散，社会化、专业化水平较低，劳动生产效率及创新能力偏低，缺乏具有规模优势的大企业集团。而产业集中度低的直接后果是资源配置效率不高，重复研发、重复建设的问题严重，技术装备水平和企业管理水平难以提高。目前我国工业整体自主创新能力不强，关键技术和核心装备主要依赖进口，高投入、高消耗、高排放的粗放型发展方式还没有根本改变等问题依然存在，产业集聚效应和产业集群发展水平不高，产业空间布局与资源分布不协调，高端制造业和生产性服务业发展滞后等情况也没有得到完全改善。因此，在我国推进产业整合是十分必要且迫切的。

2. 以并购为主体的产业整合正在成为中国资本市场上的一个新热点

以并购为主的产业整合正在成为中国资本市场上的一个新热点，各行业正在通过并购来加速实现产业整合。而国家也鼓励和促进优势企业强强联合、跨地区兼并重组、境外并购和投资合作来提高产业集中度。通过落实和完善各项政策措施，改进管理和服务，建立健全协调机制，坚持市场化运作，充

分尊重企业意愿，来引导和激励企业自愿、自主参与兼并重组。中国企业正进入一个通过并购实现产业整合的时代。

（二）并购市场与产业整合的关系

并购活动促使产业整合。在全球经济活动中，企业并购是一种普遍存在的经济现象。以美国为首的西方国家到现在已先后经历了五次企业并购浪潮。我国企业从 1984 年开始经历了三次国内并购浪潮，到 2002 年有一批大型企业开始跨越国界参与国际市场的并购活动。2007 年至今，由美国次贷危机所引发的国际金融危机对世界经济造成了重大冲击，在全球企业并购遭遇寒冬之际，我国企业并购的热度不降反升，并呈现影响力日益扩大的趋势。这既反映了全球竞争格局的改变，也表明了我国企业向着强化战略定位、提升国际竞争力的新战略驱动型发展模式转变。

一般情况下，并购活动有横向和纵向两种方式。企业进行横向并购一般出于两个目的：一是实现规模经济；二是扩大市场占有份额，避免行业内的散乱竞争。很显然，不论出于何种目的，横向并购都能达到提高行业集中度的目的，从而促进产业重组；纵向并购的目的主要是控制某种资源、保障供应，或拥有某种渠道、扩大销售。通过市场交易行为内部化，纵向并购有助于减少市场风险，节省交易费用，同时易于设置进入壁垒，从而也能促进产业整合。

与此同时，产业整合也驱动并购发生。随着新兴产业不断涌现、产业结构调整步伐加剧以及全球经济一体化进程的加快，产业整合对企业并购起到了重要的推动作用。企业在进入一个新的领域或地域时往往面临着许多障碍和壁垒，如果采取投资新建的方式，将会遇到很大的障碍和市场风险。而通过并购不仅可以规避进入壁垒，而且还可以以极少的成本迅速进入目标市场，既降低了投资风险，同时也赢得了时间和机遇。因此，企业在向新的领域扩张时并购往往是最常用的手段和最易接受的投资方式。

有进入必然存在退出，企业退出一个产业有两种方式：一是破产退出；二是被并购退出。通过破产的方式退出同样要付出很高的沉没成本，而且在我国现阶段由于社会保障和养老制度的不完善，还会引发社会问题，因此，破产对优化资源配置和产业组织的优化。相反，企业并购却能使退出企业在几乎不要付出沉没成本的情况下，顺利退出某一产业，不会给社会带来不稳定因素。

三、并购市场相关指数国内外研究现状与思考

(一) 并购指数国内外研究现状

目前我国从产业层面对并购市场的研究存在很大的不足，但是国内外学者已经从不同视角设计出了针对整个市场的并购市场指数。较为通用的ZEW – ZEPHYR 并购指数，是由欧洲经济研究中心和电子商业信息出版公司自 2000 年开始，根据美国商务部会议委员会公布的美国领先指标合作推出的；Structured Solutions 公司根据交易规模和交易价格的相关加权设计出一个并购技术指标（US Tecnology M&A Index）；安永会计师事务所基于并购交易的总次数、总金额和并购支付的价格与账面价值的比值平均值，开发了澳大利亚资源业并购指数；伦敦城市大学卡斯商学院并购研究中心设计了全球并购市场成熟指数（M&A Maturity Index），对世界 148 个主要经济体在吸引和维持并购活动方面的环境和能力进行了综合评估，所引数据包括由世界银行、国际货币基金组织、世界知识产权组织最新发布的近十种权威资料和分析报告。综合分析政策与法规、经济与金融、科技、社会经济、基础设施与资产等五大类项因素，是企业实施海外并购的重要衡量指标，同时也为全面考察各国整体投资环境提供了有效参考。与全球实际并购业务的关联度达到 0.81（理想状况为 1.0），在同类研究中极具权威性。

国内学者针对并购指数的研究也很多，卢中原、胡鞍钢（1993）编制出度量经济运行机制的市场化程度的综合市场化指数；全国工商联并购公会所属的全球并购研究中心 2002 年开始推出"中国并购指数"，选取上市公司并购交易规模指标和活跃程度指标，计算得出综合指数，反映上市公司并购交易的趋势概况；上海联合产权交易所 2009 年发布"中国产权市场并购系列指数"，选取挂牌宗数、挂牌金额、参与竞价过程的投资人数量及成交户数、成交价格、成交宗数等指标，以此反映全国产权市场的并购动态；施贤达（2008）则分析了并购市场市场化的五个标准：宏观经济、产业环境、金融市场、制度环境、并购市场内部特征，借鉴经济市场化程度的测度方法，最后构建出评价并购市场市场化程度的测度指标体系；崔永梅（2010）总结了国

内外对于并购市场指数的论述，构建了单一的公司控制权市场简化指数，能够快速衡量和比较公司控制权市场发展；谢峰峰（2010）分析了现行的资本全流通的社会条件下，中国企业并购重组的特点，并对处于当前社会条件下的中国企业并购重组从并购数量、并购金额、并购主体经济成分、行业、手段等方面做出描述与分析，指出基由股权分置改革的契机，中国并购重组市场所将面临的大好形势，对中国并购重组市场的发展做出了阶段性预测，同时对政策因素在我国的并购重组中发挥的巨大作用进行介绍；王枭（2012）基于中国制造业1998—2010年并购数据，运用修正的ZEW－ZEPHYR并购指数，对中国制造业下21个行业的并购同步指数进行度量并进行相关分析。

（二）并购市场相关指数构建的思考

目前有关并购的研究主要集中在企业并购绩效方面，鲜有从行业对比的角度对并购重组进行研究，而对并购市场发展规律、程度、趋势和影响因素的研究相对更少。另外，在并购相关的指数研究上，鲜有系统的评价指标体系能分行业进行定量的评价。

目前，通过并购实现产业整合是我国产业政策和并购实践的重要方向，对产业整合和并购市场关系的研究具有重要的现实意义。但是研究并购市场与产业的关系不能只局限于产业所处在哪个阶段，并不是处在相同阶段的产业都会促使相同类型的并购情况发生，每个产业都有自己的并购特征，不同产业并购市场之间的差别少有相关的研究。

因此，我们迫切需要一个基于产业整合的角度衡量中国重要行业并购市场发展程度的指数，能够客观、科学地评价和动态掌握各行业并购市场的发展程度和发展轨迹。通过横向对比不同行业并购市场发展程度，纵向比较某一行业并购市场历年发展情况，不仅有利于企业自身制定发展策略，提高市场运行效率和资源的有效配置，还能为国家制定产业政策提供依据和指导，促进国家落实一系列的产业规划，实现产业的整合、转移和升级。

（豪迈资本管理有限公司总裁　秦启岭）

中国房地产指数系统百城价格指数体系建设研究

中国指数研究院整合了中国房地产指数系统、中国房地产 TOP 10 研究组等众多资源，由国内外几十位专家和数家学术机构共建，全方位服务于中国商业经济。中国指数研究院下设华北、华东、华中、华南、西南五大分院，分支机构遍布全国 75 个大中型城市，并拥有 600 多位专业分析师团队，是目前中国最大的房地产专业研究机构。

中国指数研究院经过 20 余年的积累，依托房天下控股业务覆盖的 600 多个城市的数据资源，建立了中国历时最长、信息最全、覆盖范围最广的专业房地产数据库。在数据库的基础上，中国指数研究院建立了中国房地产指数系统，定期发布中国 100 个城市的房地产价格指数，被誉为中国房地产市场的"晴雨表"和引导投资置业的"风向标"。中国指数研究院与国务院发展研究中心企业研究所、清华大学房地产研究所共同发起成立"中国房地产 TOP 10 研究组"，自 2003 年以来持续发布中国房地产百强企业研究等系列企业研究成果，已成为评判房地产企业经营实力及行业地位的重要标准。中国指数研究院与国家住房和城乡建设部政策研究中心共同发起成立"中国房地产动态政策设计研究组"，独立研究和评估政府房地产政策的调控效果，并为推动中国房地产业健康发展提出合理政策建议。

一、中国指数研究院主要历程

1994 年　建立了中国房地产指数系统（CREIS），覆盖了中国主要城市。

2000 年　建立房天下研究院，集合国内外房地产行业研究领域及实战精英。

2002 年　建立中国别墅指数系统，首次量化房地产别墅市场价格走势。

2003 年　成立中国房地产 TOP 10 研究组，系统、客观研究最具影响力的房地产企业和最具开发投资潜力的市场。

2004 年　整合中国房地产指数系统、房天下研究院、中国别墅指数系统、中国房地产 TOP 10 研究组等研究资源。

2005 年　对已运行 10 年的中国房地产指数系统进行全面改进；同年建立中国装饰装修价格及材料指数。

2006 年　与中国土地估价师协会共同建立中国土地价格指数系统。

2009 年　与国家住房和城乡建设部政策研究中心共同发起并组建"中国房地产动态政策设计研究组"。

2010 年　"中国土地价格指数土地信息系统"荣获"国土资源科学技术二等奖"。

2010 年　与房天下整体在纽约证券交易所成功上市。

2010 年　每月发布"中国房地产指数系统百城价格指数"。

2011 年　"中国房地产业中长期发展动态模型"荣获"华夏建设科学技术三等奖"。

2013 年　建立中国物业服务指数系统，首次量化全国主要城市的物业服务市场价格走势。

2013 年　"房价收入比专题研究"被评为"国家发展改革委机关优秀科研成果二等奖"。

2014 年　国家统计局指定为"大数据合作平台企业"，成为政府统计数据来源的第二轨。

2015 年　中国房地产指数系统运行 20 周年之际，发布国内第一支房地产大数据股票指数——中证房天下大数据指数。

2015 年　依托房天下全产业链源数据系统，完善大数据评估模型和方法，开发完成"中指大数据评估系统"。

2015 年　与国家发改委价格司签署"加强价格监测预警分析"合作备忘录，共同建立价格监测预警合作机制。

2016 年　"中指房天下大数据评估系统"通过评审委员专家组鉴定，评审委员会专家一致认为"中指房天下大数据评估系统"研究有创新性和重要的应用价值。

2017 年 首届"房地产大数据年会"在上海崇明岛召开，开启地产数据应用新纪元。

二、百城价格指数的架构

中国房地产指数系统于 2010 年启动了"百城价格指数"研究，对中国经济和房地产市场最发达的 100 个城市的住宅价格进行研究。2010 年 6 月以来的每月对外发布单个城市及百城价格指数，2011 年 9 月起同时公布单个城市及百城中位数价格。

百城价格指数旨在反映全国 100 个主要城市在不同时点在售新房的价格水平及其不同时点的变化情况，准确把握全国住宅市场的发展动态，掌握住宅市场发展规律及预判未来走势，为开发商、中介机构、政府部门以及消费者等提供信息服务和决策指导。

百城价格指数由各城市价格指数组成，城市价格指数又基于各项目的调查，百城价格指数框架如图 1 所示。

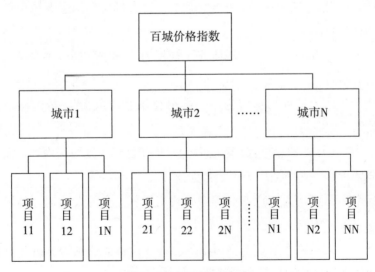

图 1　百城价格指数框架

资料来源：中国指数研究院综合整理。

（一）样本收集

自 2010 年起，中国房地产指数系统启动"百城价格指数"研究，通过 GDP（国内生产总值）、常住人口、房地产开发投资额等指标选择 100 个最具代表性的城市，对其新建住宅价格进行跟踪研究。

1. 覆盖范围

（1）覆盖城市

百城价格指数的样本涵盖我国 100 个主要城市，其中包括北京、上海等 4 个一线城市，天津、武汉等 36 个二线城市，德州、保定等 60 个三线城市。（见表 1）

表 1　　　　　　　百城价格指数所覆盖的 100 个城市

城市类型	城市名称
一线城市	北京、上海、广州、深圳
二线城市	北海、成都、大连、福州、贵阳、哈尔滨、海口、杭州、合肥、呼和浩特、济南、昆明、兰州、南昌、南京、南宁、宁波、青岛、三亚、厦门、沈阳、石家庄、苏州、太原、天津、乌鲁木齐、无锡、武汉、西安、西宁、银川、长春、长沙、郑州、重庆、温州
三线城市	鞍山、包头、宝鸡、保定、常熟、常州、德州、东莞、东营、鄂尔多斯、佛山、赣州、桂林、邯郸、菏泽、衡水、湖州、淮安、惠州、吉林、嘉兴、江门、江阴、金华、昆山、廊坊、连云港、聊城、柳州、洛阳、马鞍山、绵阳、南通、秦皇岛、泉州、日照、汕头、绍兴、台州、泰州、唐山、威海、潍坊、芜湖、湘潭、新乡、宿迁、徐州、烟台、盐城、扬州、宜昌、营口、湛江、张家港、镇江、中山、珠海、株洲、淄博

资料来源：中国指数研究院综合整理。

百城价格指数样本所覆盖的 100 个城市来自全国 7 大区域。具体来看，26 个城市位于长三角区域，20 个城市位于环渤海区域，15 个城市位于珠三角区域，经济发展水平高、房地产市场较为成熟的三大经济区共有 61 个城市，占百城总城市数量的 6 成以上。另外，其他 39 个城市中，中部地区有 14 个，西北、西南区域均有 9 个，东北地区有 7 个。

（2）覆盖区域

多数城市样本实现"全覆盖"，即样本的选取范围涵盖城区、郊区以及下辖县市，比如，北京的样本既覆盖东城、海淀等城区，也覆盖密云、怀柔等郊区。部分城市未涵盖下辖县市，仅覆盖主城区和郊区，主要是这些城市的下辖县市的房地产市场发展水平较为落后，与市区差距较大，房价水平相差也较多，若计算这些城市的均价时包括下辖县及县级市的项目，将大幅拉低该城市的房价平均水平，不利于对当地房价做出准确判断，比如，哈尔滨的样本仅覆盖道里、道外等城区，未覆盖巴彦县、宾县等下辖的县市。

（3）物业类型

所选样本包括普通住宅、别墅、公寓、保障房等新建住宅项目。

2. 收集方法

百城价格指数的样本收集方法与新房价格指数的样本收集方法类似，通过全样本调查、定时定点跟踪调查获取样本数据，并通过数据补充方法，使样本具有全面性、准确性、及时性。

百城价格指数对 100 个城市进行全样本监测，获得政府颁发的预售许可证的在售楼盘全部纳入监测范围。在样本业态上，所监测的样本包括商品住宅、别墅、公寓、保障性住房。

3. 收集范围

百城价格指数对样本的调查内容更加丰富，除了包括价格、建筑面积外，还包括项目所在区域、项目配套等重要特征。

样本项目全部销售完毕且无下期推盘计划，则结束样本跟踪，退出指数计算，不再进行新的数据收集。收集的数据包括以下几类：

（1）价格

在调查中，尽量获取包括项目单价和套价（起价、均价、最高价）在内尽可能完备的信息。项目单价是百城价格指数计算的核心数据，而套价等其他价格信息在指数分析中运用。

（2）价格优惠

数据收集过程中，价格优惠主要考虑价格折扣和现金优惠两种，其中价格折扣以按揭购房优惠力度计算，现金优惠一般以 100 平方米计算折扣。另外，为了方便起见，暂时不考虑赠送家电等实物优惠。

如果项目推出少量特价房（占比不超过 5%），不考虑此类短期少量特价因素；否则，以特价房源价格作为当月价格。

（3）建筑面积

为理想地反映市场变化情况，实际成交量在理论上是可取的，但由于成交量在不同时期差异较大，往往不能恰当反映价格本身的变化。为了灵活的反映价格本身，采用年均消化面积作为权重。年均消化面积则由样本的总建筑面积和消化时间决定，总建筑面积是固定的，消化时间则由样本所在城市类型、样本销售价格、总建筑面积等估算得出。

（4）特征变量

除了以上重要的数据项外，编制指数还需要参考其他与住房紧密相关的特征变量，如区位、建筑结构、环境等。在百城价格指数分析过程中，项目所在区位，项目的物业结构、容积率、装修标准等信息都有用到，故在调查范围之内。表 2 是百城价格指数需要采集的项目信息。

表 2   **百城价格指数项目部分信息采集表**

指标项	说　明
项目编号	每个项目具有不同的项目编号，如 20150401
项目名称	项目推广名称，如万柳书院
所属辖区	项目所在的行政区，如朝阳区
开发企业	项目开发商的全称
物业类别	普通住宅、别墅、公寓等
项目建筑面积	项目总的规划建筑面积
价格	在售物业的平均销售价格
房屋优惠	按揭优惠、总价优惠、单价折扣等

资料来源：中国指数研究院综合整理。

4. 主要来源

与新房价格指数中的数据来源相同。

5. 样本处理

调查所得的原始数据不能直接用于指数的测算和分析，需要按数据获取情况和分析的实际需要进行必要的处理。

其一，对残缺数据进行补充。对个别由于各方面原因实在无法取得价格、建筑面积等基础信息的项目，采取以下方式补充：一是将没有价格数据的物业用同类型、同档次物业的价格推算；二是将总体样本中有价格数据的项目抽取部分典型样本构成先验总体；三是对无法获得当前建筑面积的项目通过批准预售面积来估计。

其二，对原始数据进行规范。对价格有优惠的样本，应在报价的基础上扣减优惠部分，得到准确的销售价格。对原始数据只提供套价的项目，需要根据项目的户型面积等估计项目的单价以便于指数的计算；对原始数据中的项目进行统一的片区划分，并根据分析的需要对套价的范围进行适当的调整，等等。在规范过程中特别注意调整要有准确的数据依据。

另外，在对样本进行计算的过程中，需要对于价格环比变化较大的样本进行复核。一般将调研数据与当地房管局、网上挂牌价格、项目实际成交价格等其他来源的数据进行交叉复核。

①若样本业态发生变化，比如上月主推普通住宅，本月主推别墅，则将该样本作为新样本处理，本月列入计算。

②若有新项目入市，则增加到样本库中，当月列入计算。

③当期售罄、下期未开盘的样本，空档期沿用上期价格列入计算。

④样本住宅销售完毕且再无推盘计划，则退出样本，以后不再列入计算。

（二）权重设置

权重是指数的重要指标，也是指数编制的关键所在。在百城价格指数的计算过程中，如果以项目的总建筑面积作为权重计算均价，能够在一定程度上反映住宅市场价格变化，但由于总建筑面积较大的项目往往采取分期开发的模式，每期上市面积仅为总建筑面积的一部分；另外，项目的销售速度对整体市场价格的影响更为明显，单价较高的项目往往销售周期较长，统一用项目的总规模作为权重具有一定的局限性。因此，选用年均消化面积作为权重，其更能够反映住宅市场价格的变化程度。

年均消化面积＝总建筑面积/消化时间

（三）计算方法

百城价格指数采用加权平均计算方法，每月发布全国及单个城市的样本平均价格和样本价格中位数。

1. 样本平均价格

先采用加权平均的方式来计算单个城市的平均价格。

$$P_j^t = \frac{\sum P_{ij}^t Q_{ij}}{\sum Q_{ij}}$$

其中，P_j^t 为第 j 个城市在第 t 期的平均价格，P_{ij}^t 为第 j 个城市第 i 个项目在第 t 期的价格，Q_{ij} 为该项目调整后建筑面积。

再根据不同城市权重，计算百城价格指数。

$$P_{100}^t = \frac{\sum P_j^t Q_j}{\sum Q_j}$$

其中，P_{100}^t 为第 t 期百城价格指数，P_j^t 为第 j 个城市在第 t 期的平均价格，Q_j 为该城市在 2010 年 6 月的建筑面积。

2. 样本价格中位数

单个城市样本价格中位数，是将单个城市的样本价格从高到低排序，居于数列中间位置的那个数据就是样本价格中位数。若共有偶数个数据，则最中间两个数据的算术平均值即为样本价格中位数。

百城价格中位数，是将 100 个城市当月的均价从高到低排序，取第 50 名和第 51 名的两个数据，并计算其算术平均值。

（中国指数研究院常务副院长　黄　瑜）

中国水泥行业景气指数与预警系统研究

一、中国水泥行业运行景气指数研究背景

水泥是国民经济建设的重要基础原材料，改革开放以来，国内经济建设规模不断扩大，推动了国内水泥行业的快速发展，从 1985 年开始，我国水泥产量已连续 30 年居世界第 1 位，目前我国水泥产量占世界总产量的 60% 左右。在长期的发展过程中，水泥行业孕育出了中国建材集团、海螺水泥等具有国际竞争力的大型现代化集团，与此同时，水泥行业也面临着一系列亟待解决的矛盾和问题。一是全国水泥产能过剩严重，截至 2015 年年底，全国新型干法水泥设计熟料产能达 18.1 亿吨，实际年熟料产能达到 20 亿吨。水泥熟料年实际产能富余量超过 6 亿吨。二是全国结构性矛盾突出，目前行业集中度尚不足 60%，较发达国家 80% 左右的集中度相比还存在差距。三是行业整体呈粗放型发展，不符合新型工业化的要求。

《国务院关于化解产能严重过剩矛盾的指导意见》明确要求"加强对产能严重过剩行业动态监测分析，建立产能过剩信息预警机制"。"发挥行业协会在行业自律、信息服务等方面的重要作用。"水泥行业运行景气指数的制定和实施提供了水泥行业统计监测、预警的新方法和新思路。建立行业运行景气指数是落实《国务院关于化解产能严重过剩矛盾的指导意见》《中国制造2025》《绿色建筑行动方案》和《加强信息共享促进产融合作行动方案》的客观要求。

目前，水泥行业经济运行分析中存在诸多问题，经济分析的动态性指标、综合性指标少，指标的时效性差，不能完全满足行业分析、决策的需要，导致水泥行业经济分析反映的信息单一，深度不够，时效性差，定性分析多，

定量分析少，监测和预测效果不佳等问题。由于我国在水泥行业分析、评价等方面缺乏系统的指标体系，很难促进准确反映水泥行业在我国经济发展中的实际状况和发挥的作用。同时，"跳出水泥看水泥"分析水泥行业与国民经济之间的关系显得越来越重要。

从国内外理论和实践情况看，景气指数分析方法在预测宏观经济景气状况、监测行业周期波动方面取得了重要的发展。研究建立适应我国社会主义市场经济特点的水泥行业运行景气指数不仅能够客观反映水泥行业变化，而且能够更好地监测和分析水泥行业运行状况，指导水泥企业的经营和管理，能够为我国政府制定水泥行业政策和发展规划提供一个更为合理和科学的重要参考，对促进水泥行业的发展等具有十分重要的意义。

二、中国水泥行业运行景气指数编制思路

水泥运行景气指数设计的总思路是旨在建立一套科学的、合理的、具有可操作性的指标体系，用于对水泥行业发展中各环节及水泥行业发展未来变化趋势进行总体的定量判断和分析预警。

本课题研究遵循如下思路框架：首先，借鉴国内外的相关经验，结合我国国情，建立中国水泥行业运行景气指数体系框架；其次，针对这些指标，设计制定景气指标的范围、权重的计算、指数编制的方法，并将水泥与相关产业的经济联系建立了计量经济模型；最后，在景气指数数据的基础上，借鉴使用国内外最常用的美国商务部合成指数编制方法，将反映水泥行业景气状况的指标，编制合成指数。综合动态反映水泥行业的衰退、复苏、扩张、收缩的景气循环过程。

遵循上述思路，课题重点解决了景气指数体系设置和组内指标权重的科学性问题；解决了监测指标的原始数据中含有（统计口径调整、数据异常或缺省；季节因素、随机因素等）多种不可比因素。

在解决指标设置的合理性问题上，重点采用了调研、试点和专家论证相结合的方法。水泥景气指数数据采集来源统计局、海关总署、人民银行、水泥协会、机械工业协会等数据权威部门，建立起来先行、一致和滞后三个指标组，共18个指标。综合体现了水泥行业每个月度的外部环境、生产量、生

产成本、水泥效益，是目前反映水泥行业整体状况时效性较强的指标。

在解决指数体系计算、汇总和分析的科学性问题上，重点采用景气指数分析、预警信号灯以及数理统计理论中的时差相关分析、聚类分析、因子分析等多种方法相结合。比如我们运用时差相关分析法确定有关指标的先行、一致或滞后关系；运用因子分析模型，可以分析判断各因素影响程度借助该模型，在计算合成指数的时候，可以确定相关权重。在预警指数的编制内容中，结合 3σ 原理和专家经验划分预警指标的临界值，建立了预警信号灯系统，并用类似交通信号灯的方式将每个时期各指标和综合预警指数所处状态表示出来，以直观表示水泥行业经济运行的冷热程度，并对经济波动起到预警目的，为制定应对措施提供参考。

在解决监测指标中不可比问题上，课题的景气指标全都为增长率循环，本月度的指标值与上一年对应月度指标值相除，得到月度的增长率。每个月度的增长率数值按照时间顺序排列在一起就组成了时间序列的增长率循环。时间序列经常会受到季节因素和其他因素的干扰，所以还要对时间序列进行季节调整，去除季节因素和其他因素的干扰，这样时间序列的增长率波动就会更多的反映出指标本身因素决定的波动规律。本文使用 X-11 季节调整方法，所采用的指标都采用季节调整并去掉不规则要素的序列，即经过季节调整的趋势循环序列（TC）。该方法与其他季节调整方法相比具有良好的适应性和有效性。水泥行业收入增长率原序列由于受到季节因素和不规则因素干扰，增长率波动幅度较大，增长率最低达到57.7，最高达到168.8。水泥行业收入趋势·循环序列波动幅度明显降低，最低值89.1，最高值140.6。

课题选取 2005 年 1 月至 2015 年 12 月的月度指标，时间跨度长，其间为我国统计制度和方法发生了部分调整，监测指标的原始数据中含有（统计口径调整、数据异常或缺省）多种不可比因素，因此需要通过预处理把这些不可比因素过滤掉。为了消除不可比因素的影响，首先要对原始数据是否含有某种不可比因素进行识别，识别可以是人工的（如统计口径的调整），也可以由计算机程序来完成（如异常值和缺损值）。如异常值的处理，课题考虑当年前后月份及上一年相同月份的数据对异常值进行趋势代替。统计口径或方法的变化，为了消除这种影响，课题组将口径、方法变化前的数据，利用可比速度倒推出相应月份的数据，对历史数据进行修正。部分缺少的数据，课题组对缺失值的处理结合了统计方法与行业内人士建议，当序列的缺失数据很少时，采用均值替代；当缺失较多时而指标又很重要时，则将 EM 方法和基于业内经验的比值法相结合算得缺失值。

三、中国水泥行业运行景气指数课题主要成果

（1）建立了中国水泥行业运行景气指数体系框架。中国水泥工业景气指数是从微观水泥行业领域来描述水泥产业整体发展状况及未来发展趋势的指标体系。水泥景气指数设计的总思路是旨在建立一套科学的、合理的、具有可操作性的指标体系，用于对水泥产业发展中各环节及水泥行业发展未来变化趋势进行总体的定量判断和分析预警。

在考虑指标设置时遵循了如下原则：①行业内的重要性。②统计上的充分性。③统计的适时性。④指标的可替代性。⑤与景气波动的对应性。按照上述原则，中国水泥行业运行景气指数由一个综合指数和若干分项指数构成。综合指数，用景气分析理论中的合成指数方法，由分项指数加权平均得出，分项指数的权重运用因子分析模型确定。利用综合指数分析判断我国水泥行业总体发展概况：利用分项指数分析判断各行业内部各环节发展变化情况。这样构成的指数体系，同有关统计数据相结合，可以多角度、多层次全面审视我国水泥行业发展的情况，并预见未来发展趋势。

（2）提出了运用因子分析法，在运用加权平均法计算综合指数时，确定各分项指数的权重，保证了计算的科学性。为准确的衡量各指标的重要程度。课题组采用主成分分析法确定各组内指标权重。指标不仅与景气波动的对应性较好，而且能够较好地反映水泥业的运行状况。本文采用 Eviews7.0 统计软件进行指标权重确定。

（3）根据水泥行业景气指数系统理论，利用聚类分析法对指标进行初步筛选，然后对初选上的指标采取时差相关性分析法和峰谷对应法，以确定它们的峰谷与水泥行业收入的峰谷对应关系，最终确定先行、一致、滞后指标。

经过时差相关分析与峰谷比对，结合水泥行业的实际情况及指标的经济含义，并参考专家意见，最终确定出先行、一致和滞后指标组，共 18 个指标。

（4）定义了水泥行业景气指数的概念，勾画出了水泥行业景气指数系统的构架和景气指标体系的组成。水泥市场接近于完全竞争市场的原子型市场结构，行业竞争激烈，利润率极低。根据水泥行业景气指数的选取原则，提出了一致景气指数应包含的产量、价格、成本、收入、利润等行业指标，分析了这些指标对水泥行业指数影响的经济机理。提出了选取先行景气指数的理论方法，又提出了先行产业景气指数与水泥行业景气指存在长期均衡关系，先行产业景气指数的波动对水泥行业景气指数产生短期和长期的冲击效应。根据水泥产业的特点和指数编制的方法，标定了水泥行业月景气指数系统的景气度标准。

（5）水泥行业统计的信息价值体现在信息反映、决策支持和监督控制，水泥行业统计信息的上述价值，使得对水泥行业信息采集、整理、分析成为水泥行业发展中一项必不可少的工作。针对不同的市场主体，水泥行业景气指数发挥不同的价值，水泥行业主体通过景气指数监测市场运行，参与主体利用景气指数来规避市场风险，优化主体利用景气指数研究水泥市场发展规律。

四、中国水泥行业运行景气指数课题主要创新成果

（1）探索性的编制水泥行业月度景气指数系统，填补了国内水泥行业经济分析领域的空白。利用景气指数系统可以综合反映水泥行业的景气度状况。水泥行业景气指数系统为水泥管理机关监控水泥市场运行提供了科学依据；为水泥企业经营决策，规避市场风险提供了参考信息；为学者研究水泥行业的发展规律，提供了有价值的信息。水泥行业景气指数系统的编制为今后编制完善相关行业景气指数，提供了完整的理论方法。

课题组利用美国商务部合成指数计算方法，通过求单个指标的变化率；求多个指标对称变化率的合成；求初始合成指数；趋势调整；求最终合成指数五大步骤，并选择 2007 年作为合成指数的基准年份，计算出最终合成指数。

按照"谷—谷"法即每一个波谷到下一个波谷的时间区间内，作为一个完整的景气周期，将 2006.01—2015.12 分为 4 个景气周期，其中三个完整的

周期和一个收缩期。依次为 2006.01—2008.02、2008.03—2009.12、2010.01—2012.07、2012.08 至今，根据水泥行业景气周期的时间长度，4 个周期属于基钦周期，把 2006 年至 2015 年共 10 年的长度归为一个水泥行业景气的朱格拉周期。

（2）水泥行业景气指数的分析，完全体现了"跳出水泥看水泥"的研究理念。水泥行业景气指数的分析实现了动态化，将水泥行业景气指数与房地产行业、装备制造业、货币政策指标联系起来进行分析，建立 VAR 模型、判断它们之间的因果关系。对于水泥经济学领域讲，课题将水泥行业与相关产业建立 VAR 模型，而且研究的时效性细化到月度数据，推动了水泥济学中水泥行业与相关产业联系的研究深度和时效性。

（3）建立了预警信号灯系统，结合 3σ 原理和专家经验划分预警指标的临界值，综合单指标得到综合预警指数，并用类似交通信号灯的方式将每个时期各指标和综合预警指数所处状态表示出来。通过对 2006.01—2015.12 中国水泥行业经济所进行的实证研究可以看出，本文所建立的预警灯系统能够较准确地判断水泥行业经济的冷热状况。2014 年以来，水泥行业景气综合状况出现偏冷状态。

（中国水泥协会　陈柏林　贺众营）

"ICI 烟台指数" 助推烟台工业
实现跨越式发展

2016年，烟台市与中国工业经济联合会合作开发建设了"中国工业烟台指数"，简称"ICI 烟台指数"，并每月定期发布指数分析报告，报告经过2016年10、11、12月份3个月的试行发布后，于2017年1月份正式投入使用。通过实践应用表明，"ICI 烟台指数"能够清晰显示全市工业经济运行走势，有效提高全市工业运行监测分析质量，切实提升工业经济预测风险、应对风险的能力，对实现新常态下的全市工业经济平稳健康发展有着重要的参考辅助价值。2016年，烟台市工业经济保持平稳较快发展，规模以上工业主营业务收入、利润均居全省首位。其中，主营业务收入达到1.63万亿元，在全国大中城市中名列前茅，实现了"十三五"良好开局。

"ICI 烟台指数"的建设生成，主要依托于"烟台市工业经济运行大跨度调度平台"提供的数据信息支撑。2015年3月，烟台市经信委建立了"烟台市重点工业企业调度监测系统"，对全市重点工业企业进行全方位调度监测。2016年5月份烟台市被国家工信部列入首批国家工业运行重点联系城市以来，该市紧紧围绕工信部关于"加快建立重点联系城市的直通车制度，强化上下联动，形成工作合力"的指示要求，在重点企业调度监测系统的基础上与中国科学院计算技术研究所烟台分所合作开发了"烟台市工业经济运行大跨度调度平台"，于2016年8月份完成平台体系建设并正式上线运行。主要通过三个方面为"ICI 烟台指数"进行支撑。

一、部门数据调度系统

该系统是跨部门、跨领域、跨行业的综合指标调度体系。系统包括4个一级指标，工业主要经济指标（包括山东省及各地市月度经济指标）、工业分行业主要经济指标（包括烟台市 37 个工业行业大类月度指标）、工业分县市区主要经济指标（烟台市及 14 个县市区月度经济指标）、产品产量汇总表（烟台市主要工业品产量及月度增减变化情况）。19 个二级指标，包括国税、地税、工商、金融、用工、商务、港航、海关、铁路、交通、科技、节能、民航、用电、天然气、石油、环保指标和工程机械监测点数据与邮政数据，指标数据由经信委、人民银行、国地税、商务、海关、交通、港航、铁路、民航、科技、人社、环保、节能支队以及电力、燃气、石油公司等 20 个部门和单位提供，将涉及工业经济运行的主要指标、关联指标、先行指标、要素供应等各项数据纳入平台系统，该系统每月处理数据近 3 万条。

二、重点工业企业调度监测系统

该系统现已注册企业约 540 户，涵盖了 14 个县市区、34 个行业的大、中、小、微企业，并按月汇集企业的各类指标数据，涵盖了上述工业企业数量的 20% 和产值的 50%。系统分为三个板块：一是企业基本情况。主要包括被监测企业的注册资本、资产、人员、能耗、装备等情况；二是企业主要经济指标情况。主要包括产值、产量、收入、利税、利润、投资、税费等指标；三是企业问卷调查。主要包括资金需求、贷款变化、用工需求、设备利用率、市场订单、出口订货、价格变化等情况，并将工信部、省经信委及烟台市三级工信部门的调查内容合并填报，避免多层重复调查。该系统具备按区域、行业及企业规模分类汇总分析的功能，每月汇集处理指标数据达到 5 万多条。

三、服务企业系统

该系统包括服务企业与政策信息两个板块，主要体现四方面的功能：一是问题反馈。企业通过这一平台，可随时反映在发展中遇到的困难和问题。二是归类分转。对企业或部门反馈的问题，由市经信委综合协调，以工业经济运行协调领导小组名义，及时归类分转给相关部门。三是进展落实。由承担协调解决问题的政府部门及时反馈进展情况，并实行挂号督办，解决的问题实行销号制度。四是信息发布。通过系统平台及时发布国家和省市相关政策信息，为企业提供政策指引和信息服务。该系统第一批服务对象为市级领导联系工业领域的 22 户企业，平台开通后已解决企业问题与困难 32 起，发布政策信息 80 篇。同时，为加强企业之间、企业与政府之间的沟通联系，更好地服务企业发展，该市依托平台系统于 2017 年初建立了烟台市工业和信息化领域企业家微信交流群，成员包括市领导，市县两级经信部门主要负责人，以及工业和信息化领域部分省级以上人大代表、政协委员，部分行业龙头企业、重点上市公司主要负责人等共计 100 人左右。通过微信交流群能够直接、及时、便捷地实现信息互通，政策共享，困难排解，经验交流等，为企业家打造交流互动、分享经验的高水平阵地。

目前，"ICI 烟台指数"包括 1 个一级指数（中国工业烟台综合指数），4 个二级指数（生产状况指数、效益状况指数、经营环境指数、预期发展指数，分别涵盖了工业中的同步指数、滞后指数、核定指标、先行指数），18 个三级指数（包括产量、销量、出厂价格、主营业务收入、设备利用率；利润总额、成本、产成品库存、净资产回报率；税费负担、融资难易、应收账款、市场秩序；订货量、预期经营状况、预期投资额、预期计划用工人数、预期研发投入 18 个方面）。指数生成以来，实现了及时把握工业经济运行波动、多部门间资源共享和服务工业企业的设计初衷，能够较为准确地反映经济运行的同步指标、超前指标和矫验性指标，运行效果得到了全市各有关部门和工业企业的高度评价，在全市工业领域产生了良好的反响。2016 年 12 月，该市被工信部运行监测协调局列为全国工业运行试点示范先行先试城市，在建立工业经济大跨度调度平台、工业运行综合统计系统、ICI 烟台指数三个方面先行先试。"ICI 烟台指数"的建立，在全国工业与信息化系统中属于一个创新性举措，在全市工业经济领域具有重要意义。

1. 提高"新常态"下运行监测协调工作的能力

近年来，受国内外复杂严峻的宏观经济形势影响，全国工业经济从高速增长向中高速换挡，经济发展进入新常态。当前，国内工业经济处于底部调整阶段，经济运行内外部环境依然复杂，上行动力和下行压力并存，影响工业发展的不稳定、不确定性因素依然较多，这些都对运行监测协调工作提出了更高的要求与更严峻的挑战。面对"新常态"下的新形势与新要求，传统的工业运行监测协调手段面临着很多困难和制约，比方说以往运行分析所需的数据时效滞后，难以及时监测分析；分析支撑指标单一孤立，缺乏互联互通的关联指标分析体系；调控力度偏弱，缺乏对行业、企业及相关经济部门的综合调度；服务协调滞后，缺乏面向企业的跨部门服务沟通机制。这些问题都能够通过"ICI 烟台指数"及配套支撑系统得到有效解决，对提升"新常态"下的运行监测协调能力有着重要作用。

2. 提高精准施策服务工业经济的能力

通过"ICI 烟台指数"实现对工业经济运行波动及时把握，能够第一时间为领导决策和相应政策措施的出台提供依据与支撑，并且能够通过企业的反馈信息及时了解政策落实的程度与起到的效果，对部分政策措施中不恰当、不准确、不完善的地方进行及时纠正与完善。同时，平台系统能够及时获取企业生产经营存在的各项困难与问题，并通过部门联动机制及时有效的为企业解决现实问题，进一步提升服务工业企业的能力与水平。

3. 提高全市工业领域防风险、稳增长的能力

"ICI 烟台指数"建成后，通过各级指标体系清晰表明该市工业基本面与行业间的变化波动，并对面临风险压力的行业、企业进行超前预警，能够充分发挥监测工业经济运行的"晴雨表"与"信号灯"作用。通过指数能够使市级工业管理部门实时掌握工业经济的趋势变化，特别是对重点行业、企业、市场的苗头性、倾向性问题进行预警监测，进一步提升了全市工业经济领域预测风险、应对风险的能力，为实现新常态下的全市工业经济平稳健康发展有着重要的意义。

（烟台市经济和信息化委员会　姜　明　孙耀东）

媒体融合生态下的大数据及指数新闻探索

　　媒体融合进入关键时期，"中央厨房"模式是媒体融合的一个重要机制，作为人民日报"中央厨房"技术及物理空间打造者，人民日报媒体技术股份有限公司初步尝试将大数据、云计算逐步渗透进新闻内容生产各环节，服务于"国策说"等融媒体工作室，生产大数据新闻产品。

　　从操作步骤而言，人民日报媒体技术股份有限公司在一年中实现了"三步走"：第一步，推出"大数据＋新闻"服务模式，推出"季度经济数据解读"报道，在"国策说"工作室用大数据解读国家政策；第二步，多数据源交叉分析形成大数据报告，指数新闻萌芽初显，2016 年年底，人民日报"中央厨房"联合中央电视台农业频道、农业部发布《中国"三农"创富报告》，报告通过大数据技术挖掘，提出"未来十年中国经济创新活力将逐步转移到农村"的论点，引发业界专家的肯定和重视，具备了指数的雏形；第三步，融"云计算"于融合，将大数据融入媒体上游到下游生产的各个环节，并实现不同媒体在云端互通协作。这种机制不仅能让媒体内部各个机构之间的内容生产协作全部打通，同时也可以跨媒体合作，甚至实现媒体和其他领域的合作，为行业指数制订做好了技术准备。未来，人民日报媒体技术公司将继续扩充数据源，掌握分析方法，传播、增渠道，力求探索出"融媒体工作室＋行业指数"服务模式，使数据服务于媒体。

一、"大数据＋"服务模式推动基于技术的内容生产、服务

1. 实现数据源全打通

　　2017 年"两会"，人民日报媒体技术股份有限公司数据新闻与可视化实验室集纳一批大数据源，有以整合政府数据见长的贵阳大数据交易所、以舆

情分析闻名的清博大数据、大数据解读颇有建树的拓尔思、深耕传统媒体分析的凡闻大数据、基于5亿网民的搜狗大数据中心和"手握"微信、微博的新浪和腾讯，都在这次"两会"中实现全面打通。基于这些开放的底层数据，对其进行分层交叉分析，每天推出数据解读报告，产生一批有影响力的新闻产品。例如在"两会"开幕之初推出数据解读报道《两会开幕日：你知不知道大家都在讨论啥?》，通过舆情数据分析显示，"两会"七类议题中，社会议题、境外国际议题、互联网治理议题的热度相对较高，最受舆论关注，其中与民生密切相关的社会议题热度最高，落地23家媒体，手机端阅读量近5万。

强调"超链接"分层分析。传统媒体热点、社交媒体热点和网络输入热点进行对比，分析出网民在不同环境下不同的呈现。把去年全年部委发布会与网络热点进行对比，发现网民热点与发布会热点重合度较之前有较大提高，食品安全、环保、"一带一路"、教育改革、旅游市场改革、中国企业海外投资，既进入部委发布会，也成为网络热点，说明部委的应对舆情能力有较大提升。

2. 大数据个性化定制服务产生优质内容

人民日报媒体技术股份有限公司数据新闻与可视化实验室对"中央厨房"融媒体工作室和入驻媒体提供大数据个性化服务。"国策说"工作室在两会特别节目"国策大咖谈"邀请了多位副部级以上的"大咖"进入"中央厨房"，"国策说"工作室以大数据分析作为支撑，对"大咖"及其两会关注领域进行大数据分析，基于数据分析形成提问问题，这种"代表网民发问"的提问方式得到第十一届全国政协副主席李金华等被采访对象的认可，媒体传播力也相当高，李金华的专访报道《李金华：隐瞒问题 老百姓才对你有意见》被包括人民日报、北京电视台、北京人民广播电台在内的一百多家媒体转发。

3. "大数据 + 人工智能" 实现用技术重构内容

2015年，"中央厨房"专门设立了数据新闻及可视化报道团队，吸纳有丰富采编经验的编辑记者、美工设计、前端工程师、数据分析师，运用数据呈现新闻报道，探索全新的新闻叙事方式，能够把新闻加工成H5（下一代Web语言）动画、AR（增强现实技术）场景游戏、视频、直播等形态多样、吸引力强、传播快捷的新闻产品。2016年G20（二十国集团）报道中，由"中央厨房"策划制作的AR场景交互的H5产品《G20小精灵GO》（见图1）

刷爆朋友圈，以 G20 峰会分国家卡通形象为基础的互动小游戏，将参与者与杭州这座城市拉进，极强的交互特性也带来了高参与度和传播力。

图 1 　H5 产品《G20 小精灵 GO》

2017 年伊始，人民日报"中央厨房"推出首款人工智能机器人"小融"与网友互动发出新年的第一句问候（见图 2）。这是媒体融合发展改革在人工领域的新尝试，后续将进一步在后台技术、前景互动等方面持续优化升级。

二、"数据＋大数据"分析模式：指数新闻的雏形

数据的核心价值在于精准且客观，大数据的核心价值在于体现民意，人民日报媒体技术股份有限公司数据新闻与可视化实验室着力探索将二者进行深度融合。

首次尝试是 2016 年 5 月 17 日至 19 日，"国策说"工作室联合《人民日报》经济版，在人民日报连续三天推出三个整版的第一季度经济数据解读系列报道，从跨境电商、电商下乡、服务业三个角度，探寻中国经济的新活力（见图 3）。

图2　人民日报"中央厨房"首款人工机器人小融

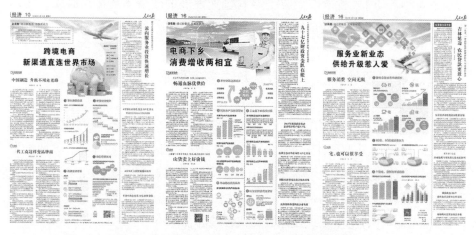

图3　第一季度经济数据解读报道报纸版面图示

在常规的经济数据解读中，用电量、铁路货运量和银行中长期贷款等指标更经常提及，这些实物数量和金融指标的变化被认为是与经济走势密切相关，具有"经济走势风向标"的作用。但人民日报媒体技术股份有限公司的数据分析人员在与《人民日报》经济版编辑记者密切沟通，对大量新兴产业行业报告进行研究解读后一致认为，伴随我国经济发展步入新常态，服务业比重在快速增加，能源资源利用效率也在快速提高，上述指标与整体经济的表征关系也发生了一些变化，中国社会需要确立观察经济的新指标。

为此，人民日报媒体技术公司数据新闻与可视化实验室整合多家大数据源，基于不同行业大数据库进行分层分析，确定从能反映新经济发展变化、有新闻点的指标和数据进行报道，并依托"中央厨房"的渠道进行全媒体推广。报道推出后，中国政府网负责人认为，人民日报社关于经济指标的探索很有意义，如何科学认识、评价和使用这些经济指标，并根据经济发展的变化进一步丰富和完善评判指标体系，是当前及今后一个时期需要关注和探讨的重要问题。

2017 年 1 月 24 日，人民日报"中央厨房"联合中央电视台农业频道、农业部发布《2016 年度中国"三农"创富报告》，报告汇聚了工商总局、农业部、金融监管部门、电商平台、土地流转平台等各方面数据，旨在通过大数据来透视近年来乡村正在发生的这一历史性变化，得出"农业正在成为资本青睐的领域""'新农人'成为引领乡村创业与发展的新生力量""电商成为农村创业创富的主要平台""支撑乡村创业发展的政策体系正在形成"等观点，报告具备了行业指数的雏形，得到业界认可。

三、融"云计算"于融合，致力多方联动

大数据不仅用于新闻内容生产，而且贯穿到"中央厨房"机制"策、采、编、发"全过程。从策划环节开始，"中央厨房"机制通过云计算、大数据资源等，将媒体上游到下游的各个环节真正紧密联系起来，实现在云端交流互通。这种机制不仅能让内部各个机构之间的内容生产协作全部打通，同时也可以跨媒体合作，甚至实现媒体和其他领域的合作。

"中央厨房"非常重视数据资产，这是媒体实现大数据运营的基础和前提。通过大数据技术，可以直接将内容、流量和用户三者精准匹配——为供应链上游找到合适的内容，让供应链下游更加满意，同时提升下游用户的黏度。最后，在现有的数据基础之上，通过数据资产的沉淀和对数据价值的挖掘，创造和发现新的赢利模式，挖掘数据带来的商业价值。

通过"中央厨房"机制，供应链上游与下游在云端会面，并形成联动。供应链上游与"核心企业"更懂得如何分众服务、定制推送，避免信息冗余；反过来，通过大数据完成转发次数、用户分析等反馈，供应链下游可以帮助进行预测、提醒。

举个例子，"中央厨房"搭建技术系统，旨在让所有的新闻线索、选题策划、传播效果、运营效果都有数据支撑。有了全网抓取的实时数据，全国各地发生的热点事件就能即时地图式呈现；新闻线索不再只是记者报题，也可以通过网络抓取、分析；通过传播效果评估、新媒体运营、新媒体追踪和用户画像，每篇稿件就有了实实在在的效果评估与反馈；通过数据分析，媒体可以深度了解用户阅读习惯和行为特征。

此外，"中央厨房"所有技术产品的所有功能都实现移动化。上述功能既可以在"中央厨房"大厅使用，也可以在电脑、Pad（平板电脑）、手机上使用，只要有网络就可以远程办公，通过"人机见面"完成部分工作。

基于人民日报"中央厨房"软件平台的内容分发、舆情监测、用户行为分析、可视化制作等一系列技术工具，前后方采编人员时刻在线连接，各终端渠道一体策划，逐步形成新媒体优先发布、报纸深度挖掘、全媒体覆盖的工作模式。传统层面，还可以根据评论信息，对用户进行情感分析，得出用户对新闻的喜好，进行个性化推荐，从而实现精准推送和营销。

在"万物皆媒"的时代，每个人都可以成为"媒体"，专业媒体如何找准定位就显得尤其重要。行业指数是一个行业或领域的标准，可以让大众了解整个行业的基本状况，包括此行业的所有评判标准，同时，指数新闻也是数据新闻未来的发展方向，因此，"融媒体工作室＋行业指数"或许会成为未来人民日报"中央厨房"探索的路径之一。

从操作层面看，由融媒体工作室基于题材重要性和对问题的全盘把握，汇聚数据源，与行业专家一起对指数进行指标设计，联合专家团队和报道团队对指数的科学性、新闻性、代表性进行把关，结合媒体的权威性和中立性树立指数标杆，并随时根据指数的变化来进行分析研判和报道，这正是数据新闻的高级形式。而如何用一套成熟的机制，把各种指数人才聚拢到一起，形成良性运转，则是媒体管理者面临的难题。

数据化、移动化、智能化，归根结底是为了让技术变得更简单、更方便、更廉价，"中央厨房"的技术解决方案是中国媒体融合云：将十几家跟媒体技术相关、在各自领域领先的公司的能力全部做成技术工具，汇集在融合云上开放给全行业使用。

同时，技术团队还在开发层面向报社用户及其他新闻机构的舆情监测、传播效果评估、内容生产、用户行为分析及推荐、移动采编 APP（应用程序）、选题策划系统等提供了一系列工具，这些工具将全面实现移动化、便捷化，全面提升新闻生产力和传播力。

（人民日报媒体技术股份有限公司　关玉霞）

集团简介

　　深圳华清控股集团是一家经国家工商行政管理总局批准，以"股权投资为核心，实体经营为基础，基金管理为平台"的一体多翼的集团化投资控股公司，2016年3月注册于中国"特区中的特区"——深圳前海，办公地位于深圳市福田区中心CBD（中央商务区）。华清控股以全球业务为目标，充分运用资本杠杆，积极拓展高新产业，致力打造成一家受人尊重的可持续发展的全球投资机构。投资领域涉及互联网金融、通用航空、资产并购、节能环保、高端地产、大宗贸易等产业，现旗下全资控股企业近20家，总注册资本超过40亿元。

　　现代经济运行证明，高科技和现代金融将是未来经济发展的两大动力。华清控股的核心优势在于运用国际金融工具的资本运行能力和多年行业经验积累的资源整合。在未来，公司将以打造中国顶尖企业为目标，以海纳百川之势迅速发展。

企业文化：

核心管理理念

　　天道刚健，乾坤有德，君子效仿之，企业大有作为。

　　一指：企业前行，敢于拼搏，积极向上，处事慎微，不急功近利。

　　二指：天地有为亦有大肚量，海纳百川，财富兴融。

　　三指：无私处立德，造就员工，创造企业明天辉煌。

人才观

　　天大，地大，人亦大。

　　三才之中人居其一，强调的是人的作用，天地之间顶天立地的就是人，这就是以人为本的思想。

Logo 诠释

　　"华"表明着集团形象非常端庄、严谨，表现出公司群体众志成城、拼搏崛起的精神风采。

　　"清"代表企业清新、清晰并有敏锐的市场洞察力；同存华清人怀揣梦想，放飞世界，勇攀高峰的企业精神。

　　华清Logo意义诠释：整个Logo设计，线条连接流畅，寓意企业对外事事顺畅，对内有条不紊，Logo以金色为主，彰显大气稳重，经久不衰！同时给人以尊贵奢华而又不失格调的气质感，很好地体现公司的属性地位，整体贯穿了一种贵族式的严谨布局，传递出精致典雅又不失时尚大气的形象气质。

集团下属公司

华清控股有限公司

华清国际控股（深圳）有限公司

华清控股（深圳）有限公司

三通国际控股（深圳）有限公司

深圳前海中曦股权投资基金管理有限公司

华清聚能产业控股（深圳）有限公司

聚能产业控股（深圳）有限公司

安徽省帝堂建设开发集团有限公司